民國歷史與文化研究

十五編

第 **8** 冊

侵華日本陸海軍全檔（上）

黃 力 民 著

花木蘭文化事業有限公司

國家圖書館出版品預行編目資料

侵華日本陸海軍全檔（上）／黃力民 著 -- 初版 -- 新北市：
花木蘭文化事業有限公司，2022〔民 111〕
目 6+170 面；19×26 公分
（民國歷史與文化研究 十五編；第 8 冊）
ISBN 978-986-518-927-3（精裝）
1.CST：中日戰爭 2.CST：軍事史 3.CST：日本
628.08   111009775

民國歷史與文化研究
十五編 第 八 冊   ISBN：978-986-518-927-3

侵華日本陸海軍全檔（上）

作　　者　黃力民
總 編 輯　杜潔祥
副總編輯　楊嘉樂
編輯主任　許郁翎
編　　輯　張雅淋、潘玟靜、劉子瑄　美術編輯　陳逸婷
出　　版　花木蘭文化事業有限公司
發 行 人　高小娟
聯絡地址　235　新北市中和區中安街七二號十三樓
　　　　　電話：02-2923-1455／傳真：02-2923-1452
網　　址　http://www.huamulan.tw 信箱　service@huamulans.com
印　　刷　普羅文化出版廣告事業
初　　版　2022 年 9 月
定　　價　十五編 14 冊（精裝）新台幣 42,000 元

侵華日本陸海軍全檔（上）

黃力民　著

作者簡介

黃力民，湖南湘鄉人，1945 年生於福建長汀，理學碩士，教授。入學湖南省湘鄉縣第二中學、華中工學院船舶工程系、山東大學數學系，先後任職山東省沾化縣造船廠、華中師範大學、湘潭工學院、中國計量大學。近年研究歷史、軍事，在刊物及網絡平臺發表論文百餘種，出版專著《日本帝國陸海軍檔案》（九州出版社 2012 年）、《太平洋島嶼戰全書 1941 ～ 1945》（中國言實出版社 2018 年）。

提　　要

　　本書是侵華日本陸海軍各類部隊的基本資料、數據及解讀，精解軍事歷史愛好者的熱議話題，輯錄日本侵華史研究的必備基礎知識。

　　本書全面介紹與評述自 1874 年日本侵略臺灣至 1945 年日本戰敗投降的侵華日軍部隊，包括日本陸軍指揮機構，師團、獨立旅團、步兵、騎兵、戰車兵、炮兵、航空兵、鐵道兵、輜重兵、工兵、船舶兵、憲兵部隊，日本海軍艦艇部隊、岸上部隊、航空部隊，陸海軍特務機關等，統計日軍重要戰犯與死亡將官。

　　以日軍各類部隊結構、組織與編制沿革為切入點，兼及作戰經歷、人物評述、主要裝備數據。對常見資料中的遺漏、舛誤有詳盡訂正。書末附二戰亞太戰場日軍兵力分布態勢。

目

次

第 1 章　軍國體制與軍事侵略立國

　　1868 年日本改元明治，帝國的維新改革直接導致軍事擴張，其背後的支撐就是日本的大陸政策與軍國體制。1874 年，剛剛成立的日本陸海軍出兵侵臺，由此開啟日本陸海軍對中國長期而持續的滲透、干涉、侵入、佔領行動，直至 1945 年日本戰敗投降，日本陸海軍灰飛煙滅。

島國日本的大陸政策

　　1943 年 12 月 1 日美國、中國、英國《開羅宣言》公布：

　　「我三大盟國此次進行戰爭之目的，在於制止及懲罰日本之侵略，三國決不為自己圖利，亦無拓展領土（Territorial expansion）之意思。」

　　戰勝國、強國公開聲稱不再以「拓展領土」為目標，這無疑是世界進步的一個重要標誌。

　　古人類學研究傾向認為，現代人可能起源於一個很小的群體（甚至是一個家庭）。從這個很小的群體開始，不同層級的人類社會形態──族群、部落、酋長國、國家──相繼遍布世界各個角落，就是數萬年不斷拓展領土的結果，既有向無人地區的開拓，更有基於食物短缺、躲避災難、資源與原料需求、人力匱乏或人口膨脹、佔有欲或妄想症、宗教或文化衝突、資本輸出等因素而向有人地區的入侵。殖民地化伴隨血腥殺戮、歧視奴役，雖然客觀上傳播了文明。至 20 世紀初，殖民國家及殖民地已占全球 85% 的陸地面積。

　　19 世紀中葉，殖民地浪潮波及日本，2015 年 8 月 14 日日本首相安倍晉三談話稱：

　　「百年以前的世界，以西洋各國為中心，各國的殖民地在不斷擴散，以

壓倒的技術優越性為背景，殖民地支配之波湧向了 19 世紀的亞洲。因之而產生的危機感，成為日本近代化的原動力，這是毫無疑問的。（日本）在亞洲最先設立了立憲政治，守住了獨立。」

1868 年明治維新始，沒有被殖民化的日本迫不及待地以殖民化行動而競逐強國，這個達到一定文明程度的島國有著更加強烈的擴張心態。本是強國的中國由於固步自封而在 1840 年鴉片戰爭敗給了西洋，朝鮮長期是中國的屬國，明治維新前後日本帝國擴張目光遂投向中國與朝鮮，幾代政客、武士浸淫於日本版叢林法則「征臺論」、「征韓論」的夢囈，「征韓論」的背後有「大陸政策」，其實就是佔領朝鮮半島，並以此為跳板侵入中國東北、華北。當年的軍國主義份子狂言「支那人果然能建設近代國家嗎？對此頗有懷疑，我深信，在我國維持治安之下，謀求漢民族之自然發展，方可為彼等帶來幸福。」（舊陸軍中將石原莞爾《滿蒙問題之我見》），今天的日本右翼學者、獨協大學教授中村粲仍稱「弱國應該為自己的弱小而對歷史負有重要責任。當時的清國和朝鮮就是這樣」（引自日本歷史研究委員會《大東亞戰爭的總結》，東英譯，新華出版社 1997 年，6 頁），強盜心態躍然紙上。

1873 年，陸軍省首次向中國派遣 8 名情報軍官，開啟日軍在華情報、間諜、滲透、策反工作。山縣有朋任參謀本部長期間桂太郎主持參謀本部管西局（負責中國關內、朝鮮地區作戰與情報）5 年，1878 年始先後派遣小川又次、福島安正 10 餘人以武官、語學研究生名義赴華，回國後編成《鄰邦兵備略》、《支那地志》等。1887 年，小川又次大佐任參謀本部第 2 局長，擬定《清國征討方略》6000 多字，是日本大陸政策最早的軍事藍圖。小川又次本人甲午戰爭時任第 1 軍參謀長，日俄戰爭時任第 4 師團長，遼陽大戰負傷後晉大將，侵華幹將杉山元大將是其女婿。

殖民地化的弔詭之處是被殖民者享受文明的同時亦被文明激發起對殖民者的仇恨與反抗，加以技術進步帶來經濟活動多元化，人類交流方式更加趨向文明，世界範圍的殖民地化逐漸走到盡頭，二戰前即有美國殖民地菲律賓已排出獨立時間表。日本的擴張、殖民發生在此時，不僅遭到弱國反抗，也將為強國所扼殺。

第一次世界大戰的結果，日本武力佔領德屬膠澳，獲取北馬里亞納群島、加羅林群島、馬紹爾群島的委任統治權，但國際聯盟的委任統治條款規定受託國必須促進委任統治地居民的福利，並在適當的時候建立獨立的國家。安倍晉

三談話承認「第一次世界大戰……給那時的殖民地化拉上了車閘」，日本卻還處在躁動不安的擴張狀態之中。1918 年，未來戰時三任首相的近衛文麿稱「作為殖民地宗主國的英美所說的和平，是對英美有利的維持現狀，日本打破這種沒有擴展餘地的局面是正當的」（近衛文麿講話：《排除英美本位的和平主義》）。日本膨脹的軍力將向何處發展？安倍晉三談話稱「日本因此加深了孤立感，再加上外交和經濟的停滯，讓日本試圖通過力量行使去尋找出路」，這就是實施日本帝國長期以來的侵略中國夢想，並以反殖民地化的名義從西方殖民者手中搶奪英屬印度、緬甸、馬來、吉爾伯特群島，法屬印度支那，荷屬東印度，西屬菲律賓、馬里亞納群島，澳屬俾斯麥、東部新幾內亞島。

　　1927 年 6 月田中義一內閣召開「東方會議」，外務省政務次官森恪在會上力主「滿洲的主權屬於支那，但是，它不僅僅為支那所有，日本也擁有權利參與……因為滿洲是國防的最前線，所以日本要保衛它。」

　　一戰后德國被剝奪了海外殖民地，希特勒遂以「生存空間」立論，喚起德國軍人與各階層民眾重整軍備，這與日本人的「通過力量行使去尋找出路」如出一轍，「大東亞共榮圈」不過是掩飾其罪惡行徑的騙局。全面侵華戰爭前夕的 1936 年，首相近衛文麿宣稱日本的「大陸政策是建立在這個確保生存權利的必要之上的」。納粹德國的「生存空間」與日本帝國的「大陸政策」最終攜手走向全面侵略戰爭之路。

　　1932 年 4 月正值淞滬作戰談判期間，中國國民政府在洛陽召開「國難會議」，會議文件《應付國難計劃案》痛感日本帝國的狼子野心：「日本併吞中國，由臺灣而朝鮮，而滿蒙，再進而侵入沿海及腹地，為明治以來傳統的大陸政策，歷數十年而未嘗稍變者也。」

　　世界文明的進步導致殖民化大門關閉，日本以侵略為本質的大陸政策偏要逆歷史潮流而動，不合時宜地撞在了文明進步之牆。戰敗的結果，日本吐出歷年侵略所得，國土重新回到四島及附屬島嶼，大陸政策灰飛煙滅。

軍國體制

　　日本古老的武士道傳統，是日本走向軍國主義的精神支柱。日本帝國從侵略擴張起家而盛極一時，最終戰敗投降、打回原形，軍國體制都起到主要作用。

　　1945 年初，日本戰局愈益糜爛，內宮專門安排「重臣上奏」，天皇先後面見前首相平沼騏一郎、廣田弘毅、近衛文麿、若槻禮次郎、岡田啟介、東條英

機 6 人，聽取對時局意見。

　　自 1931 年九一八事變至 1945 年八一五投降，日本內閣首相有 16 任 14 人：
若槻禮次郎（1931.4.14）、犬養毅（1931.12.13）、高橋是清（1932.5.16）、齋藤實
預備役海軍大將（1932.5.26）、岡田啟介預備役海軍大將（1934.7.8）、廣田弘毅
（1936.3.9）、林銑十郎預備役陸軍大將（1937.2.2）、近衛文麿Ⅰ（1937.6.4）、
平沼騏一郎（1939.1.5）、阿部信行預備役陸軍大將（1939.8.30）、米內光政預備
役海軍大將（1940.1.16）、近衛文麿Ⅱ（1940.7.22）、近衛文麿Ⅲ（1941.7.18）、
東條英機陸軍大將（1941.10.18）、小磯國昭預備役陸軍大將（1944.7.22）、鈴木
貫太郎預備役海軍大將（1945.4.7～8.17）。沒有出席「重臣上奏」的 6 人是：犬
養毅 1932 年五一五事件被海軍叛兵殺死。高橋是清在大正時代任過首相，犬養
毅死後以大藏大臣看守內閣 10 天，後來在岡田啟介內閣再任大藏大臣，1936 年
二二六事件死於陸軍叛兵，時任內大臣的齋藤實同時死去。林銑十郎已於 1943
年病死。阿部信行、米內光政此時分別任職朝鮮總督、海軍大臣。

　　近衛文麿當面向天皇表達了對軍部的強烈指責：

　　「滿洲事變、中國事變、以及最後發展成的大東亞戰爭，這些都是軍方
有預謀的計劃，現在也是非常清楚的事實」（日本讀賣新聞社《天皇和日本投
降》，蔡德金等譯，檔案出版社 1992 年）。

圖 1-1　開啟全面侵華戰爭的近衛文麿內閣Ⅰ（1937.6.4～1939.1.5）成員，前排右端首
相近衛文麿，一側外相廣田弘毅，近衛身後是大藏相賀屋興宣（左）、陸相杉山元（右）。
日本戰敗後杉山元、近衛文麿自殺，甲級戰犯廣田弘毅被處死、賀屋興宣判終身監禁。

　　近衛文麿到此時才反省軍國體制的罪惡，實在是因大勢已去。近衛文麿三次組閣，累計時間 2 年 10 個月，曾經就是戰爭積極推動者：七七事變後 7 月 11 日主持內閣決議對中國用兵，口出狂言「膺懲暴支」、「不以中國為談判對手」。1941 年近衛文麿深感內閣根本不能抑制軍部備戰決心，第三次辭職下臺。1945 年 7 月近衛又應承天皇之命出任赴蘇特使，準備請求蘇聯出面調解以使日本能體面投降，卻因蘇聯拒絕而不能成行。承擔開戰責任的近衛文麿自知罪不可赦，1945 年 12 月 16 日在盟軍即將逮捕戰犯嫌疑時自殺。

　　第三次近衛文麿內閣下臺後，重臣聯合推出東條英機接任首相，本意是與美國談判、延緩戰爭，最終卻成就了日本內閣史上權力最大的首相——東條英機身兼陸軍大臣、內務大臣、軍需大臣、參謀總長，當然也是頭號戰犯。

　　1889 年《大日本帝國憲法》規定日本由天皇統治，內閣大臣輔弼天皇管理國務、承擔責任，天皇反而不承擔任何責任。又規定統帥軍隊、作戰用兵是天皇的大權，由此就阻隔了內閣與軍隊的聯繫。參謀總長、軍令部總長輔佐天皇統帥軍隊、作戰用兵，有關事項直接上奏天皇，統帥權的最高責任實由參謀總長和軍令部總長承擔。九一八事變後中日進入準戰爭狀態，軍部更加氣焰囂張，自 1932 年 5 月至 1945 年 8 月陸海軍 8 人直接任首相，累計執掌內閣 9 年。此期間歷任陸海軍首腦是：

　　陸軍大臣南次郎（1931.4.14）、荒木貞夫（1931.12.13）、林銑十郎（1934.1.23）、川島義之（1935.9.5）、寺內壽一（1936.3.9）、中村孝太郎（1937.2.2）、杉山元（1937.2.9）、板垣征四郎（1938.6.3）、畑俊六（1939.8.30）、東條英機（1940.7.22）、杉山元（1944.7.22）、阿南惟幾（1945.4.7～8.15 自殺）；

　　參謀總長金谷范三（1930.2.19）、閑院宮載仁親王（1931.12.23）、杉山元（1940.10.3）、東條英機（1944.2.21）、梅津美治郎（1944.7.18）；

　　海軍大臣安保清種（1930.10.3）、大角岑生（1931.12.13）、岡田啟介（1932.5.26）、大角岑生（1933.1.9）、永野修身（1936.3.9）、米內光政（1937.2.2）、吉田善吾（1939.8.30）、及川古志郎（1940.9.5）、島田繁太郎（1941.10.18）、野村直邦（1944.7.17）、米內光政（1944.7.22）；

　　軍令部總長谷口尚真（1930.6.11）、伏見宮博恭親王（1932.2.2）、永野修身（1941.4.9）、島田繁太郎（1944.2.21）、及川古志郎（1944.8.2）、豐田副武（1945.5.29）。

　　日本戰敗投降後，陸軍大臣阿南惟幾、曾任陸軍首腦杉山元畏罪自殺，

曾任陸海軍首腦南次郎、荒木貞夫、板垣征四郎、畑俊六、東條英機、梅津美治郎、永野修身、島田繁太郎 8 人列名甲級戰犯。

陸軍罪責最大，未列甲級戰犯的陸軍首腦林銑十郎、川島義之、金谷范三此時已病亡，寺內壽一 1946 年病死獄中，閑院宮是皇族，只有任陸軍大臣僅一周的中村孝太郎逃脫追責。難得一見的是，開戰、終戰兩任海相米內光政，九一八事變前軍令部長、戰時樞密院議長、終戰首相鈴木貫太郎海軍大將是少有的和平主張者。

1913 年山本權兵衛內閣變更舊制，陸海軍大臣須由非現役軍人擔任，但這一安排並未導向文官領軍制度。到了全面戰爭的前夜——1936 年二二六事件後廣田弘毅內閣恢復了現役軍人擔任陸海軍大臣制度，後果是軍隊實力正式插進內閣，而打仗的事內閣卻無權過問。擔任軍令職能的參謀總長、軍令部總長是天皇的部下，陸海軍大臣與總長同為軍人，職責、身份不同又非上下級而並無矛盾，陸海軍大臣與總長倒是可以聯合起來對付內閣！最直接的影響是組閣，如果大臣與總長一核計揚言不當大臣了、或者不能推舉新大臣，內閣就只能倒臺。

1940 年 7 月陸軍高層認為米內光政內閣阻礙了日本與德國的合作，商定由時任陸相畑俊六提出辭職，於是米內光政內閣倒臺、近衛文麿奉命組閣，陸軍再推東條英機任陸軍大臣。

軍人敢於抵制政令是明治維新直接帶來的惡行。1874 年日本準備侵臺期間，太政大臣三條實美、內務卿大久保利通曾迫於國內矛盾與列強壓力下令暫緩出兵，但侵臺部隊指揮官西鄉從道認為這將有損士氣，表示他願以平民身份率部出征，挾持居然成功。

軍部的跋扈還體現為參謀軍官的作亂犯上。九一八事變的元兇現已確認就是關東軍參謀石原莞爾、高級參謀板垣征四郎、奉天特務機關長土肥原賢二，以及參謀本部情報部俄國班班長橋本欣五郎。日軍進駐南部法屬印度支那是日美開戰之前奏，海軍首腦之「南進」決策係出於海軍省軍務局第 2 課長石川信吾意見書。在軍部決策襲擊珍珠港時起重要作用的強硬派「三人幫」是參謀本部作戰部長田中新一、作戰課長服部卓四郎、臺灣軍研究部部員辻政信。

中日甲午戰爭、日俄戰爭時期，日本國處於戰爭狀態而設置大本營指揮作戰。1937 年 7 月 11 日近衛文麿內閣決議派兵侵華，因雙方均未宣戰，延至

11 月 18 日才再次設置大本營作為最高統帥部。大本營是日本戰時體制的標誌，但大本營與國務沒有直接關係，內閣大臣不能成為大本營的組織成員，陸海軍大臣因有現役軍人身份，可以列席大本營會議，所以大本營並不是舉國一致的最高統帥部。

圖 1-2　1937 年 11 月 18 日設於皇宮內的大本營陸軍部機構，參謀本部派員常駐，參謀本部首腦來此出席「大本營會議」。

　　由於首相不能參與大本營事務，中途島海戰海軍刻意隱瞞失敗，首相東條英機在一個多月後才知道真相。1944 年 2 月東條英機自兼參謀總長，除了招來更多的反對，並不能改善指揮體制。戰爭末期首相小磯國昭、鈴木貫太郎奉天皇特旨列席大本營會議，這與二人有預備役大將身份有關，而且小磯和鈴木僅能瞭解戰場實際情況而已，大本營的性質及國務、軍令並立的原則並未有改變。小磯國昭曾要求恢復自己現役大將身份（可能有自兼陸軍大臣的意願），遭到陸軍抵制，陸軍通過天皇將陸軍大臣從杉山元更換為阿南惟幾，小磯國昭只好提出辭職。1945 年 4 月，鈴木貫太郎內閣始才實行首相列席大本營制度。

作為補救措施，在大本營成立的同時設立了大本營與內閣聯席會議，但軍部非常在意自己的軍令指揮職能，拒絕在聯席會上討論作戰用兵。1944年7月小磯國昭內閣強烈要求改變戰時體制，爭到了兩項改善。一是將大本營與內閣聯席會議改稱最高戰爭指導會議並在皇宮召開，以便審議重要事項時奏請天皇親臨會議。一是在會議成員六巨頭（首相、外相、陸相、海相、參謀總長、軍令部總長）之外根據需要可令其他大臣、參謀次長、軍令部次長列席會議。但致命的是聯席會議仍然沒有法定主席（例如1945年8月9日夜御前會議，天皇臨時指定鈴木貫太郎任會議主席）。即便如此，參謀總長梅津美治郎又提出會議組成人員當中如有一人不參加時即認為無效，準備萬一發生不利於陸軍情況時好拆臺。

1937年11月17日《大本營令》規定參謀總長與軍令部總長領導各自部下參與大本營事務，大本營陸軍部長、海軍部長就是參謀總長與軍令部總長，軍令部第1部（作戰部）長、第3部（情報部）長兼任大本營海軍部參謀，軍令部第2部（軍備部）長兼任大本營海軍部戰備部長，軍令部第4部（通信部）長兼任大本營特務班長。

大本營僅有的三個綜合機構海運總監部、報導部、戰力會議都成立於1945年4月之後，其中海運總監部統管海上軍事運輸，總監、參謀副長兩個職位由海軍擔任，陸軍任參謀長。

大本營決策方式是「大本營會議」，其組成人員是參謀總長與軍令部總長、陸相與海相、參謀本部與軍令部的次長及第1部長。天皇雖然是大本營當然的主席，但由於天皇特殊、神聖的身份，並不能直接決策不承擔責任，只是名義上的主席，而且沒有大本營主席的參謀長輔佐（如美國總統的參謀長萊希）。一般的「大本營會議」全憑陸海軍對等協商，天皇出席的「大本營會議」即是御前會議，整個戰時只有15次。程序上天皇不能主持會議，所謂御前會議只是在天皇面前召開的會議。裕仁在會上沒有正式發言、只有對某事的關注、深究，「裁可」已決定事項。唯有1945年8月9～10日、14日兩次會議由首相鈴木貫太郎請求天皇「聖斷」終戰。

各國軍隊都面臨軍種矛盾問題，能否調和解決的關鍵是最高統帥的主導作用，日本沒有事實上的大本營主席與大本營參謀長，陸、海軍矛盾造成致命影響，戰略目標的分歧自不待說，陸軍要北進、海軍主張南進。1942～1943年日軍在外南洋所羅門方向消耗了很大一部分力量，陸軍認為自己是被海軍

拖進來的。陸、海軍爭奪作戰資源十分激烈，例如飛機生產能力、船舶運輸噸位、燃料等分配給陸軍多少、海軍多少，每個月都要爭吵。陸海軍在裝備方面甚少合作，以致有「陸軍造潛艇，海軍造戰車」之說。

　　戰爭前期日本內部多次討論過陸、海軍統一問題。1941 年陸軍航空總監山下奉文考察德國、意大利後提交的建議就包括空軍獨立、陸軍機械化、統一國防機構，內閣設國防大臣、大本營設國防總長等內容。但此時已在太平洋戰爭開戰前夕，日本當局首先關注的是何時開戰、盡快獲勝，根本無暇顧及體制問題。

　　日軍不僅沒有戰區的統一指揮，連具體作戰行動也沒有統一的指揮官，唯有事先訂立陸海軍協定以就事論事，根本不能應付戰場的瞬息萬變。1944年底日軍決定停止萊特島作戰、全力防守呂宋島，陸軍提出菲律賓地面作戰由第 14 方面軍司令山下奉文統一指揮陸海軍，遭海軍反對。

　　1945 年 3 月 3 日天皇分別向陸、海軍大臣表達自己對陸、海軍統一問題的關注。為此陸軍方面多次主動同海軍舉行正式或非正式磋商，朝香宮鳩彥王還以軍事參議官身份提出設置大本營總長的書面方案，但海軍連商討的餘地都沒有。海軍認為海軍的戰爭損耗極大，此時談陸、海軍統一實際是意味著陸軍吞併海軍。

陸海軍官銜

　　1871 年 8 月日本在廢藩置縣的政治改革中解散各藩常備兵，設立東京鎮臺、大阪鎮臺、鎮西鎮臺、東北鎮臺與各軍管區，是為日本陸軍之肇始，次年內閣兵部省分為陸軍省、海軍省，日本海軍視為發軔點。1873 年 1 月日本陸軍整理形成東京、東北、名古屋、大阪、廣島、熊本六鎮臺與軍管區體制，陸軍省 8 月通告「除六鎮臺外，不應再有軍隊名義」，歷史學家井上清解釋「正式稱為軍隊的，只有完全按照天皇──太政大臣──兵部卿──鎮臺這一系統進行統帥和編成的隊伍」。1885 年陸軍省、海軍省長官從陸軍卿、海軍卿正名為陸軍大臣、海軍大臣，日本歷史上首任陸軍大臣大山巖、海軍大臣西鄉從道在這一年的 12 月 22 日就職。

　　1878 年成立參謀本部，陸軍的軍令職能從陸軍省劃出，首任參謀總長山縣有朋。參謀本部直屬天皇，成為統帥權獨立於內閣的標誌，形成軍隊與政府的二元結構。

　　海軍亦追隨陸軍於 1889 年設海軍參謀部執掌軍令職能，1893 年改稱海軍軍令部。但參謀本部並不冠以「陸軍」，陸軍認為他是代表國家的軍隊，陸軍參謀本部是日本國的參謀本部，這一年的《戰時大本營條例》規定參謀總長指揮陸海軍作戰。

　　海軍力爭獲得與陸軍平等權利，直到 1933 年 10 月 1 日起海軍軍令部摘掉「海軍」的帽子，時任海軍軍令部長伏見宮博恭王改稱軍令部總長，名義上與實際上都與陸軍平起平坐，又形成了陸軍與海軍的二元結構。

　　陸軍省、海軍省的核心機構都是軍務局，負責國防政策、軍隊建制編制、動員預算。陸、海軍省軍務局長是僅次於大臣、次官的第 3 號人物。軍務局的特殊地位也體現在 28 個甲級戰犯名單中軍務局長佔了 3 個名額：陸軍的武藤章、佐藤賢了，海軍的岡敬純，當然他們都是在關鍵決策時期的軍務局長。至於武藤章為什麼被處死，可能還因為他是攻佔南京時的華中方面軍參謀副長（司令松井石根時在蘇州養病、不在前線，參謀長塚田攻已死）。

　　參謀本部、軍令部的核心機構都是第 1 部，即作戰部。田中新一任參謀本部第 1 部長時，與首相東條英機因徵用船舶事爭執，一言不合竟敢當面斥罵東條混帳。1937 年 11 月華中方面軍（特別是第 10 軍）要求突破嘉興—蘇州限制線向南京進擊，參謀本部第 1 部長下村定向參謀次長多田駿反覆進言力主發起南京作戰。在大本營尚未決策時，下村定 27 日竟致電華中方面軍參謀長塚田攻稱「攻佔南京，本部有堅強的決心，現正逐步進行審議，在未裁決之前，敢請先有瞭解」，可謂肆意妄為。

　　陸、海軍的第 1 部長都現場參加密蘇里號戰列艦上的日本投降簽字儀式，也可見第 1 部的特殊作用。

　　參謀本部內設機構及職責：

　　總務部，下轄總務課、第 1 課教育；

　　第 1 部（作戰部），下轄第 2 課作戰、第 3 課編制動員；

　　第 2 部（情報部），下轄第 5 課歐美、第 6 課俄國、第 7 課中國、第 8 課謀略；

　　第 3 部（運輸通信部），下轄第 10 課鐵道船舶、第 11 課通信；

　　第 4 部（戰史部）。

　　軍令部內設機構及職責：

　　第 1 部（作戰部），下轄第 1 課作戰與部隊編成、第 2 課教育與演習；

第 2 部（軍備部），下轄第 3 課軍備與兵器、第 4 課動員；

第 3 部（情報部），下轄第 5 課美洲、第 6 課中國、第 7 課蘇歐、第 8 課英歐；

第 4 部（通信部），下轄第 9 課通信計劃、第 10 課密碼暗號。

1898 年陸軍省設教育總監部，兩年後改為直隸天皇，形成陸軍大臣、參謀總長、教育總監的陸軍三長官格局。終戰時教育總監部轄炮兵監部、工兵監部、輜重兵監部、化兵監部、通信兵監部、高射兵監部，直接管理陸軍軍官養成學校與各術科學校（航空除外），負責陸軍部隊的訓練、編組，實為通常意義的「訓練總監部」。

1941 年隨著騎兵科的廢止，原屬教育總監部的騎兵監部撤銷、改設機甲本部，作為陸軍省外設局負責機甲部隊與騎兵部隊的訓練、教育、編組、技術開發。

1925 年設置陸軍省航空本部，1938 年設航空總監部，與航空本部兼任。因而航空總監不但不能成為陸軍四長官之一，更造成職能交叉、混亂：航空本部有關作戰、動員歸參謀總長，航空專門教育以外歸教育總監。

陸軍省的重要外設機構除機甲本部、航空本部外還有築城部、兵器本部、燃料本部。另外，陸軍大臣指揮各軍管區，負責兵役與動員。

參謀總長直接指揮部隊有船舶司令部與內地（本土）鐵道司令部。

海軍沒有教育總監部，也就沒有海軍三長官，而是海軍兩長官。海軍省原本有海軍教育本部屬於外設機構，1923 年教育本部縮小為海軍省教育局（內設局），局長少將軍銜。海軍大學與海軍軍官養成學校——海軍兵學校、海軍機關（工程）學校、海軍經理學校直屬海軍大臣，所有術科學校由所在鎮守府管轄。海軍發展步伐畢竟落後於陸軍，1933 年才取得與陸軍平等地位，三長官制可能是尚未來得及建立。

海軍本身有軍令體制上的缺陷。海軍近海防禦與艦艇岸上基地由各鎮守府（直屬天皇）、警備府擔任，外洋作戰部隊組成聯合艦隊，因此海軍對外作戰資源——幾乎全部艦艇部隊、航空部隊——盡歸聯合艦隊司令。又規定聯合艦隊司令部設在軍艦（1944 年 9 月才從大淀號輕巡洋艦移駐神奈川縣日吉），司令長官隨艦艇出海，聯合艦隊司令長官與軍令部總長構成近於二元結構。1945 年 4 月成立海軍總隊，聯合艦隊司令部兼海軍總司令部，所有海軍部隊都歸海軍總司令指揮，軍令部總長更加處於艦尬地位。

有說法稱海軍大臣、軍令部總長、聯合艦隊司令是海軍三長官，不過這與陸軍三長官不能比擬，僅僅表明聯合艦隊司令職務重要，軍令部總長與聯合艦隊司令畢竟是上下級關係。

海軍省重要外設機構有艦政本部、航空本部、施設本部、運輸本部。

日本陸海軍兩大軍官養成學校是陸軍士官學校（「陸士」）與海軍兵學校（「海兵」），兩所學校名稱本應另行翻譯，否則會與中文的「士官」、「兵」涵義相悖，但「陸士」、「海兵」已在中文資料中廣泛通行，只能直接搬用了。陸海軍的指揮學院分別是陸軍大學校、海軍大學校。

陸軍士官學校擔任陸軍基本兵科中的步兵、炮兵、騎兵、工兵、輜重兵教育。航空兵教育屬於陸軍航空士官學校（1937年另設），畢業期數同於陸軍士官學校，統稱陸士某期。

海軍兵學校擔任指揮軍官養成教育，各類術科學校擔任專業教育。

日本陸軍軍銜共計6等17級（1941年）：大將、中將、少將；大佐、中佐、少佐；大尉、中尉、少尉；準尉；曹長、軍曹、伍長；兵長、上等兵、一等兵、二等兵。將官以下的軍銜冠以兵科區分。

陸軍職務與軍銜的一般對應關係是：

總軍總司令官／大將——方面軍司令官／大將、中將——軍司令官、師團長／中將——旅團長／少將、大佐——步兵聯隊長／大佐——特科聯隊長／大佐、中佐——步兵大隊長／中佐、少佐——步兵中隊長／大尉、中尉——步兵小隊長／中尉、少尉——飛行分隊長／曹長、軍曹——步兵分隊長／軍曹、伍長。

陸軍專業劃分為「基本兵科」（包括憲兵、步兵、炮兵、騎兵、工兵、輜重兵、航空兵）與「各科」（包括衛生、技術、經理、法務、獸醫、軍樂等）。

海軍軍銜系列分為6等17級：

大將、中將、少將；大佐、中佐、少佐；大尉、中尉、少尉；兵曹長；上等兵曹、一等兵曹、二等兵曹；兵長、上等兵、一等兵、二等兵。專用於技術軍官的軍銜有特務大尉、特務中尉、特務少尉。

海軍職務與軍銜的一般對應關係是：

聯合艦隊司令長官／大將（末任小澤治三郎為中將）——方面艦隊、鎮守府司令長官／大將、中將——艦隊、航空艦隊、遣華艦隊、南遣艦隊、警備府司令長官／中將——戰隊、航空戰隊、水雷戰隊、潛水戰隊、根據地隊、聯

合陸戰隊、聯合航空隊司令官／中將、少將——驅逐隊、水雷隊、潛水隊、驅潛隊、航空隊、陸戰隊、警備隊司令／少將以下。

　　海軍專業劃分為「兵科」、「各科」兩大類。「兵科」相當於陸軍的「基本兵科」，是直接面向作戰的專業。「各科」包括機關、飛行、整備、工作、技術（1942 年前細分為造船、造機、造兵、水路）、法務、軍醫、藥劑、主計、軍樂等。

　　日本陸海軍部隊指揮官沒有副職（艦艇除外），陸海軍有一種官銜叫「司令部附」，不算司令部正式成員。「附」的涵義大致包括待命、賦閒、傷病、掛起來。駐漢口第 34 軍司令佐野忠義因病於 1945 年 1 月改任中國派遣軍總司令部附，7 月在本土死去。吉岡安直曾任關東軍附兼滿洲國皇帝附、關東軍參謀兼滿洲國皇帝附，這個「附」應當是聯絡官。

第 2 章　九一八事變前的侵華日軍

　　鴉片戰爭前列強就設有專任巡弋中國海域的艦隊,如 1835 年的美國海軍東印度分遣隊。1858 年《中法天津條約》準法國兵船在通商口岸駐泊巡弋,各國援用此例其海軍艦艇深入中國內地。日本海軍資料稱最早深入中國內地記錄是 1884 年 5 月中法戰爭期間,扶桑號鐵甲艦、天城號炮艦(兩艦艦長伊東祐亨、東鄉平八郎恰恰就是甲午戰爭、日俄戰爭聯合艦隊司令)執行上海至漢口航行。1874 年以來日本海軍對中國領海、內河的侵入,伴有陸戰隊官兵臨時或短期上陸,發生滋擾直至武裝衝突多到難以盡述,還有日本陸海軍在華研究員、使領館附武官、駐在武官、應聘將校、特務機關等,本章只述及九一八事變前重大歷史事件中參與軍事行動的日本陸海軍建制部隊。

1874 年牡丹社事件侵臺

　　1684 年(康熙 23 年)清朝設置臺灣府,隸屬福建省臺廈道,府治臺南。1727 年升格為臺灣道,下設一府四縣二廳。1871 年 12 月發生琉球海難船漂流至臺灣南部恒春(今屏東縣境內)上陸後數十人遇害事件。日本以此向清政府交涉,中國官員以該事件發生於「化外之地」而未予理睬。

　　1874 年(明治 7 年)2 月日本大藏卿大隈重信、內務卿大久保利通主持籌劃侵臺,5 月陸軍省大輔(正 5 位)西鄉從道陸軍中將率領陸海軍官兵以及勤務、民事、墾殖各類輔助人員合計 5990 人出征。日軍船隊借道廈門於 5 月 6 日在社寮(今屏東縣車城鄉社寮村)登陸,5 月 18 日始攻擊牡丹、高士佛、加芝來、竹仔、網索社等原住民部落,名曰「問罪」。日軍隨後在龜山、後漕等處安營紮寨,作長期打算。

　　清政府派福建船政大臣沈葆楨為欽差辦理臺灣等處海防兼理各國事務大臣，福建省布政使潘霨幫辦，6 月 14 日沈葆楨、潘霨趕赴臺南。22 日潘霨與臺灣兵備道夏獻綸赴日本軍營初晤西鄉從道，指責其侵略行徑並曉以利害。沈、潘同時編組團練、積極佈防，8 月有淮軍 3000 人到臺。日軍兵力不足，加以熱帶病肆虐至 560 人死亡，遂同意談判解決。10 月 31 日日本內務卿大久保利通與李鴻章簽訂《臺事北京專條》，中國付給遇難者家屬撫恤金及日軍所建營房道路設施補償金，日軍全部撤出。

　　一樁三年前的民間事件為何演成日軍首次侵略行動？一個原因是日本當局藉以將日本士族與民眾的反政府情緒轉向對外。另一原因是日本聽信前美國駐廈門領事李讓禮（C. W. Le Gendre）之言以為中國並未有效管轄全部臺灣，企圖趁與臺灣土著交戰之機開闢領土。

　　此時日本陸海軍草創，陸軍建制單位只有鎮臺、步兵大隊。日本陸海軍資料沒有西鄉從道部隊的番號（一般資料有稱「臺灣蕃地征討軍」，應當不是正式番號），西鄉從道的職務是「臺灣蕃地事務都督」（藤原彰《日本軍事史》稱「臺灣蕃地事務總督」），另有「臺灣蕃地事務參軍」谷干城陸軍少將、赤松則良海軍少將。西鄉從道並無帶兵經歷，谷干城、赤松則良分別擔任地面作戰與海上行動指揮。

　　西鄉從道出身薩摩藩，特有開拓西南的衝動。1874 年是日本末任太政大臣三條實美當政，但參議兼內務卿大久保利通握有實權。三條實美、大久保利通曾迫於國內矛盾與列強壓力下令暫緩出兵臺灣，西鄉從道認為將有損士氣，表示他願以平民身份率部出征，開軍人抵制政令之先河。西鄉從道後任陸軍卿、首任海軍大臣（1885 年），甲午戰爭時第 3 次任海軍大臣、臨時兼陸軍大臣，晉升海軍大將。

　　西鄉從道部隊以熊本鎮臺官兵為主，谷干城前職就是熊本鎮臺司令，後曾任陸軍士官學校長、中將，以及內閣農商務大臣。赤松則良是海軍大丞（正6 位），後在海軍省主管造船 10 年，又任佐世保鎮守府、橫須賀鎮守府司令、中將。

　　出征臺灣者有後來的陸海軍大將：熊本鎮臺參謀長佐久間左馬太中佐，後任臺灣總督（1906～1915）；熊本鎮臺步兵第 11 大隊長奧保鞏少佐，後任日俄戰爭第 2 軍司令、參謀總長（1906～1912）；西寬二郎少佐後任威海衛佔領軍司令、遼東守備軍司令、陸軍教育總監；小川又次大尉 1888 年任參謀本

部第 2 局長時擬《清國征討方略》是日軍早期的侵華藍圖；鮫島重雄少尉後任師團長；陸軍中佐樺山資紀 1884 年轉為海軍少將，甲午戰爭任軍令部長、首任臺灣總督。

　　還有東京鎮臺附大寺安純中尉甲午戰爭時任第 6 師團步兵第 11 旅團長、少將，在威海衛被中國軍隊擊斃。西鄉從道部隊擔任翻譯的水野遵 1895 年參與接收臺灣，是總督府首任民政長官。

　　一些中文資料稱：「……4 月成立了侵臺組織，任命陸軍中將西鄉從道為『臺灣蕃地事務都督』，大隈重信為『臺灣蕃地事務局長官』……進軍臺灣」，錯將大隈重信列為隨同西鄉從道出征者。

　　西鄉從道當年 12 月回國，《日本陸海軍事典》記載西鄉從道 1875 年 1 月 10 日「舊蕃地事務局出仕」，直到 1877 年 2 月西南戰爭時陸軍卿山縣有朋以征討軍參軍職務出征，西鄉從道代理陸軍卿。可見大隈重信擔任長官的是政府機構「蕃地事務局」，而非「臺灣蕃地事務局」，西鄉從道所任「臺灣蕃地事務都督」才是預定的臺灣佔領地軍政首腦。大隈重信此時任太政官參議兼大藏卿（1873～1880），不可能出征臺灣，其地位也遠在西鄉從道之上。

　　西鄉從道船隊中有三艘軍艦：龍驤艦、日進艦、孟春艦。旗艦龍驤艦購自英國，2571 噸、800 馬力、64 磅克虜伯炮 6 門，艦長福島敬典中佐，後任橫須賀軍港司令、少將。日進艦購自荷蘭，1468 噸、710 馬力、17.8 釐米前裝炮 1 門、16 釐米前裝炮 6 門，日本海軍日進艦資料獨缺侵臺期間艦長，但有代理副長吉島辰寧大尉，後任海軍兵學校長（1894～1895）、少將。孟春艦購自英國，357 噸、191 馬力、70 磅炮 2 門，艦長磯邊包義少佐，後任吳軍港司令、少將。

　　牡丹社事件後果之一是，1879 年日本設沖繩縣，1885 年中國在臺灣建省。

甲午戰爭擊敗中國

　　牡丹社事件當年日本陸軍始有步兵聯隊建制，1885 年組建步兵第 1～10 旅團。陸軍省次官桂太郎、參謀次長川上操六主持兵制與軍備改革期間從效法法國軍制轉向德國軍制，1888 年廢六鎮臺改設第 1～6 師團，1891 年 12 月編成近衛師團。師團轄 4 個步兵聯隊與騎兵、炮兵、工兵、輜重兵聯隊，陸軍地面部隊形成師團—步兵旅團—步兵聯隊—大隊—中隊—小隊—分隊的結

構，多於一個師團作戰時組建軍級及以上指揮機關。

1878 年成立參謀本部，陸軍軍令職能從陸軍省劃出，首任參謀總長山縣有朋，參謀本部直屬天皇。海軍於 1889 年設海軍參謀部執掌軍令職能，1893年改稱海軍軍令部。1894 年 7 月海軍整合原有常備艦隊與警備艦隊，組建聯合艦隊擔任大洋作戰，以常備艦隊司令兼任。對華備戰期間日本最高當局首設大本營（1894.6.5～1896.4.1），開戰後 9 月 15 日大本營從東京移駐廣島。

上述日本陸海軍外戰組織框架從甲午戰爭開始運行，一直延續到第二次世界大戰，期間只有局部的調整。

1876 年《江華條約》後日本勢力進入朝鮮，1884 年中、日為處理朝鮮甲申政變發生衝突。1894 年（明治 27 年）3 月朝鮮東學道之亂，伊藤博文內閣（II）邀約中國共同出兵。日本以第 5 師團步兵第 9 旅團為基幹編成混成第9 旅團先行入朝。中國派出葉志超、聶士成部在仁川以南牙山登陸，6 月增派衛汝貴、馬玉崑部進駐平壤。因處置分歧中、日再起爭端，7 月 25 日中國運兵船從牙山返航在豐島海域遭日本聯合艦隊第 1 游擊隊吉野、浪速、秋津洲號防護巡洋艦襲擊，7 月 28 日日軍混成第 9 旅團進攻牙山，清軍退守平壤。日本資料稱此戰為日本陸軍首次與外軍交戰。

8 月 1 日中國、日本先後宣戰，參戰日軍約 24 萬。

日本陸軍部隊

第 1 軍（1894.8.31～1895.11.9），司令山縣有朋、野津道貫（1894.12），轄第 3、5 師團，歷經牙山、平壤、鴨綠江、鳳凰城、岫岩、海城各戰，攻佔牛莊、營口、田莊臺。

第 2 軍（1894.9.25～1895.5.26），司令大山巖，轄第 1、2、6 師團，混成第 12 旅團，9 月底渡鴨綠江後沿陸路橫斷遼東半島，一部在莊河花園口登陸南下，10 月 9 日佔領金州，25 日攻佔旅順。

大本營直轄第 4 師團擔任遼東地區警備。

1895 年 1 月日軍大本營令第 2 軍司令部指揮第 2 師團、第 6 師團步兵第11 旅團攻打威海衛，1 月 20 日先頭部隊第 2 師團步兵第 16 聯隊登陸榮成，2 月 3 日佔領威海，2 月 17 日佔領劉公島。第 2 師團長佐久間左馬太於 4 月5 日任威海衛佔領地總督。中文資料有稱攻佔威海衛日軍為「山東作戰軍」，日本陸軍資料並無此番號。

日軍大本營早有攻取直隸平原計劃，1895 年 3 月在旅順設征清大總督

府，參謀總長小松宮彰仁親王親自兼任征清大總督（1895.3～1895.5），預定增調近衛師團和其他部隊進攻北京、天津。日本陸軍同時以後備步兵第 1 聯隊組建臺灣混成支隊，3 月 23 日登陸佔領澎湖，準備奪取臺灣。臺灣混成支隊長比志島義輝陸軍大佐後任臺灣兵站監、臺灣守備混成第 3 旅團長。中文資料有誤稱「日本海軍還佔領了澎湖、進逼臺灣」。

未參戰的近衛師團於《馬關條約》簽訂後參加佔領臺灣，本土還有 3 月 4 日組建的臨時第 7 師團。

1894 年 9 月 17 日黃海海戰日本海軍部隊陣容

聯合艦隊司令伊東祐亨；

聯合艦隊本隊轄防護巡洋艦松島（旗艦）、嚴島、橋立、千代田號，舊式艦扶桑、比叡號；

第 1 游擊隊（坪井航三）轄防護巡洋艦吉野（旗艦）、浪速、高千穗、秋津洲號，炮艦赤城號。

1894 年 12 月日本海軍設旅順口海軍根據地隊，司令相浦紀道（西海艦隊司令兼）、坪井航三（1895.2.16～1896.2）。

1895 年 3 月 30 日李鴻章在日本達成停戰協議（不包括臺灣澎湖），4 月 17 日簽訂《馬關條約》。「三國干涉還遼」後，1895 年 10 月中國交付遼東「補償金」，日本依約次年 2 月撤出遼東，第 4 師團回國，旅順口海軍根據地隊撤銷。

《馬關條約》規定日軍佔領威海衛 3 年，賠款付清後交還。1895 年 11 月 29 日日本陸軍成立威海衛佔領軍，第 6 師團步兵第 11 旅團長伊瀨知好成少將首任司令。步兵第 2、6 旅團相繼接防，司令西寬二郎（1896.5）、鹽屋方圂（1896.10）、三好成行（1897.5～1898.6）。

1898 年 6 月日軍撤出威海衛，威海衛佔領軍撤銷。

八國聯軍侵華主力

1900 年（明治 33 年）義和團事件期間，英、美、法、德、意、日、俄、奧匈八國首批 432 名海軍及海軍陸戰隊官兵 6 月 1 日從天津乘火車前往北京增援使館區防衛，其時日軍愛宕號炮艦正在塘沽擔任警備，艦上陸戰隊 54 人參加行動。

日本海軍隨後加派笠置號防護巡洋艦到大沽。6 月 10 日八國再組織兵力

2157 人增援，日本陸戰隊 320 人由服部雄吉海軍中佐（海兵 11）率領參加。6 月 17 日大沽口炮臺交戰服部雄吉重傷死亡。

八國繼續增兵，6 月 15 日山縣有朋內閣（II）決定組建臨時派遣隊 3300 人於 6 月 24 日到達大沽，參謀本部第 2 部長兼西部都督部參謀長福島安正少將任臨時派遣隊司令。福島安正是著名情報專家，曾出使美、德。1892 年從德國歸國時單人騎馬歷經波蘭、彼得堡、葉卡捷琳堡、外蒙古、伊爾庫茨克、東西伯利亞實地考察，行程 1.8 萬公里，歷時 1 年 4 個月。福島安正能使用多種語言，隨即成為八國聯軍司令部主要成員。

7 月初日本再派第 5 師團步兵第 11、42 聯隊等部出征。八國聯軍 7 月 14 日佔領天津，一個月後攻入北京，此時聯軍兵力有陸軍 49255 人、海軍 4971 人、艦船 54 艘，其中日本陸軍 20300 人、海軍 540 人、艦船 18 艘。

10 月 11 日李鴻章自南方抵達北京開始和談，各國縮減駐軍，日本留置一個旅團兵力編成清國駐屯隊，第 5 師團長山口素臣中將兼任司令。

日本海軍先後投入裝甲巡洋艦淺間號（9700 噸），防護巡洋艦笠置、秋津洲、高砂、千代田、松島、千歲、浪速、吉野號（2500～4200 噸），炮艦愛宕、鳥海號（614 噸），驅逐艦陽炎號（322 噸），通報艦龍田號（650 噸）。海軍常備（小）艦隊司令出羽重遠 6 月 19 日到達大沽指揮，常備艦隊司令長官東鄉平八郎中將曾赴現場督察。

日本還在上海方面加強海軍部署，8 月上旬常備（小）艦隊司令遠藤喜太郎少將率防護巡洋艦嚴島號，海防艦高雄號，炮艦赤城、摩耶號，鐵甲艦扶桑號，水雷母艦豐橋號，通報艦宮古、八重山號巡弋海域。9 月有陸戰隊 450 人上陸警戒。1901 年 9 月清國駐屯軍派出今井直治陸軍少佐指揮兩個步兵中隊接替駐上海的陸戰隊，曾使用上海駐屯隊番號。

義和團事件期間日本策劃佔領福建，防護巡洋艦和泉、高千穗號，炮艦築紫號派駐廈門海域，8 月 23 日陸軍大臣致電臺灣總督「一旦有機會，需要立即佔領廈門港」。8 月 24 日，和泉號防護巡洋艦陸戰隊藉口廈門西願寺出張所被焚在廈門登陸，臺灣總督兒玉源太郎派出一個旅團先頭部隊於 28 日航行至廈門海域，日軍後續行動因英國施壓而取消。

1901 年《辛丑條約》尚未簽字時，日本已作長期駐軍打算，6 月 1 日在天津組建清國駐屯軍，第 9 師團長大島久直首任司令。清國駐屯軍是日本陸軍在中國大陸的第一支常駐部隊，1912 年 4 月改稱中國駐屯軍，駐紥黃村、

廊坊、楊村、天津、軍糧城、塘沽、蘆臺、唐山、灤州、昌黎、秦皇島、山海關等處，延續到 1937 年挑起七七事變，之後改編為華北方面軍司令部，其下轄部隊北平駐屯步兵隊（1909.12 組建）、天津駐屯步兵隊（1914.9 組建）迭次演變為第 27 師團部隊，始終在侵華戰場。

　　清國駐屯軍／中國駐屯軍歷任司令（九一八事變前）：大島久直（1901.6）、山根武亮（1901.7）、秋山好古（1901.10）、仙波太郎（1903.4）、神尾光臣（1905.6）、中村愛三（1906.11）、阿部貞次郎（1908.12）、佐藤鋼次郎（1912.4）、奈良武次（1914.8）、齋藤季治郎（1915.7）、石光真臣（1916.5）、金谷范三（1918.6）、南次郎（1919.7）、鈴木一馬（1921.1）、吉岡顯作（1923.8）、小泉六一（1925.5）、高田豐樹（1926.3）、新井龜太郎（1927.7）、植田謙吉（1929.3）、香椎浩平（1930.12～1932.2）。

　　義和團事件日本陸海軍與西方各國軍隊平起平坐，標誌日本已躋身列強營壘。

日俄戰爭獲取關東州及南滿鐵路

　　俄國自恃領銜「三國干涉還遼」有功，1898 年 3 月強行獲取旅順、大連租借權與南滿鐵路修建權，此後日俄兩國涉中、朝利益衝突日益加劇（1897年朝鮮改稱韓國，1910 年併入日本後改稱朝鮮，本書概稱朝鮮）。義和團事件期間 1900 年 6 月 16 萬俄軍以保護修築東清鐵路為名侵入中國東北，至 10 月控制各戰略要地。俄軍東滿支隊隔鴨綠江與駐朝的日軍對峙。《辛丑條約》簽訂後列強壓迫俄國撤兵，1902 年 1 月 30 日日本英國同盟成立，1903 年日俄就「滿、朝」利益展開談判，1904 年（明治 37 年）2 月 6 日桂太郎內閣決定與俄決裂，8 日日本海軍偷襲旅順港，日俄戰爭爆發。

　　2 月 12 日日軍再次設大本營。此時陸軍有近衛師團與第 1～12 師團。

　　6 月 20 日成立滿洲軍（1904.6.20～1905.12.20），參謀總長大山巖轉任滿洲軍總司令，參謀次長兒玉源太郎兼滿洲軍總參謀長，67 歲的山縣有朋第 3度出任參謀總長，但滿洲軍實際行使大本營前線指揮權。

　　第 1 軍（1904.2.6～1905.12.5），司令黑木為楨，曾轄近衛師團，第 2、12師團，近衛後備步兵旅團，後備步兵第 5、13 旅團，騎兵第 2 旅團。2 月 16日第 12 師團最先在仁川登陸，主力隨後登陸鎮南浦經平壤北進義州，擊敗九連城俄軍東滿支隊，前出鳳凰城，參加遼陽、沙河、奉天作戰。

第 2 軍（1904.3.6～1906.1.12），司令奧保鞏，曾轄第 1、3、4、5、6、8 師團，騎兵第 1 旅團，野戰炮兵第 1 旅團，後備步兵第 1、8、11、14 旅團。5 月初在遼東半島貔子窩（今普蘭店皮口）登陸，攻取金州南山，5 月底北上參加遼陽、沙河、黑溝臺、奉天作戰。

第 3 軍（1904.5.2～1906.1.26），司令乃木希典，曾轄第 1、7、9、11 師團，騎兵第 2 旅團，野戰炮兵第 2 旅團，攻城砲兵司令部，後備步兵第 1、4、15 旅團，旅順要塞。6 月初登陸金州鹽大澳，次年 1 月初攻克旅順，北上參加奉天會戰。

第 4 軍（1904.6.25～1906.1.12），司令野津道貫，曾轄第 5、6、10 師團，後備步兵第 3、10、11 旅團。5 月 19 日大孤山登陸，參加遼陽、奉天作戰。

鴨綠江軍（1905.1.15～1906.1.26），司令川村景明，曾轄第 11 師團第 10、22 旅團，後備第 1 師團，後備步兵第 16 旅團，初駐朝鮮，後參加奉天作戰。

遼東守備軍（1904.9.8），司令西寬二郎，1905 年 5 月 9 日兒玉源太郎代理，5 月 19 日撤銷，曾轄後備步兵第 33、48 聯隊，後備步兵第 4、15 旅團，擔任佔領地守備、兵站（注：中文資料多遺漏遼東守備軍）。

日本陸軍總計投入部隊：近衛師團，第 1～12 師團，騎兵第 1、2 旅團，野戰炮兵第 1、2 旅團，攻城砲兵司令部（轄徒步炮兵第 1～3 聯隊，野戰重炮兵聯隊），旅順要塞，後備第 1 師團，近衛後備步兵旅團，後備步兵第 1、3～5、8、10、11、13～16 旅團（注：後備步兵旅團轄 3 個後備步兵聯隊）。

戰爭期間 1905 年 4 月編成第 13 師團用於庫頁島，第 15 師團擔任朝鮮警備，6～7 月編成第 14、16 師團調入第 3 軍擔任遼東半島警備，即為首批關東「輪值」師團。

日本海軍 1903 年 12 月實施臨戰體制，首次有編號艦隊，編成第 1～3 艦隊。甲午戰爭時聯合艦隊司令伊東祐亨此時任海軍軍令部長。

1905 年 5 月 7～28 日對馬海戰日本海軍陣容：

聯合艦隊兼第 1 艦隊（東鄉平八郎）旗艦三笠號——

第 1 戰隊轄戰艦三笠、敷島、富士、朝日號，裝甲巡洋艦春日、日進號（旗艦），通報艦龍田號；

第 3 戰隊轄防護巡洋艦笠置（旗艦）、千歲、音雨、新高號。

第 2 艦隊（上村彥之承）旗艦出雲號——

第 2 戰隊轄裝甲巡洋艦出雲、吾妻、常磐、八雲、淺間、磐手號（旗艦），

通報艦千早號；

第 4 戰隊轄防護巡洋艦浪速（旗艦）、高千穗、明石、對馬號。

第 3 艦隊（片崗七郎）旗艦嚴島號——

第 5 戰隊轄防護巡洋艦嚴島、松島、橋立號（旗艦），二等戰艦鎮遠號，通報艦八重山號；

第 6 戰隊，防護巡洋艦須磨（旗艦）、和泉、千代田、秋津洲號；

第 7 戰隊，二等戰艦扶桑號（旗艦），海防艦高雄號，炮艦築紫、鳥海、摩耶、宇治號。 合計戰艦 4 艘，二等戰艦 2 艘，裝甲巡洋艦 8 艘，以及防護巡洋艦 15 艘，驅逐艦 21 艘，魚雷艇 39 艘。

日俄戰爭結果，日本獲得關東州及南滿鐵路（包括安奉鐵路）各項權利，9 月 26 日在遼陽成立關東總督府，首任總督大島義昌大將，下設陸軍部領軍。

日軍第 3 軍攻克旅順後，即於 1905 年 1 月 9 日組建旅順要塞，第 3 軍參謀長伊地知幸介少將任司令，是日本陸軍在中國東北的第一支常駐部隊（東三省日軍部隊後續演變見第 3 章）。

日本海軍也在 1905 年 1 月設旅順口鎮守府，司令柴山矢八中將。以後迭次更名或改制為旅順鎮守府（1906）、旅順要港部（1914）、旅順防備隊（1922）、旅順要港部（1933）、旅順警備府（1941）、旅順方面根據地隊（1942），直至二戰終結。

常駐中國艦艇部隊

1885 年 4 月日本海軍派清輝艦（897 噸）常駐上海海域警備，日俄戰爭後正式組建專門艦艇部隊常年巡弋中國海域、水域，發展為戰爭期間的侵略作戰部隊，直至二戰終結。

（一）長江及以南海域：南清艦隊—第 3 艦隊—第 7 戰隊—遣華艦隊—第 1 遣外艦隊

1905 年 12 月 20 日，組建南清艦隊擔任長江及以南海域警備。初轄防護巡洋艦高千穗號、炮艦宇治號、河用炮艦隅田號，歷任司令武富邦鼎、玉利親賢（1906.11）、寺垣豬三（1908.8）。

1908 年 12 月 24 日南清艦隊改稱第 3 艦隊，歷任司令寺垣豬三、川島令次郎（1910.12）、名和又八郎（1912.4）、土屋光金（1914.3）、財部彪（1915.2～12）。

　　一戰初期中國守中立，依國際公約日本於 1915 年底解散第 3 艦隊（同日本土另行組建第 3 艦隊），河用炮艦鳥羽、伏見、隅田號解除武裝後封存於上海日資企業。

　　1917 年 8 月 14 日中國對德、奧匈宣戰，12 月 15 日日本海軍在第 3 艦隊序列組建第 7 戰隊擔任長江及以南海域警備，初轄防護巡洋艦千代田號，炮艦宇治、鳥羽、伏見、隅田號，司令山岡豐一。

　　1918 年 8 月 10 日第 7 戰隊改稱遣華艦隊，擔任範圍擴大至華北海域。

　　1919 年 8 月 9 日遣華艦隊改稱第 1 遣外艦隊，歷任司令山岡豐一、吉田增次郎（1919.11）、小林研藏（1922.5）、野村吉三郎（1923.9）、永野修身（1925.4）、荒城二郎（1925.8）、宇川濟（1927.12）、米內光政（1928.12）、鹽澤幸一（1930.12）、阪野常善（1932.6～1933.5）。

（二）長江以北海域：1905 年日本組建南清艦隊時，本土第 2 艦隊兼任長江以北海域

　　1918 年 8 月 10 日始日本遣華艦隊／第 1 遣外艦隊擔任範圍擴大至長江以北海域。

　　1927 年 5 月 16 日中國北伐軍即將進軍山東時，日本組建第 2 遣外艦隊專任長江以北海域，歷任司令中島晉、向田金一（1928.4）、伊地知清弘（1928.12）、津田靜枝（1930.5～1933.4），初轄防護巡洋艦平戶、對馬號，第 9 驅逐隊桑、槙、椿、欅號驅逐艦。

　　注：第 1、2 遣外艦隊在日本海軍序列中低於「艦隊」級，司令官少將軍銜。九一八事變後第 4 次組建第 3 艦隊時，第 1、2 遣外艦隊隸屬第 3 艦隊，再於 1933 年 5 月 20 日分別改為第 11、10 戰隊。

1911 年侵入中國腹地的中清派遣隊

　　1911 年（明治 44 年）武昌起義發生時，西園寺公望內閣（Ⅱ）決議以護僑名義出兵。日本第 3 艦隊司令川島令次郎 10 月 12 日率防護巡洋艦對馬號、炮艦隅田號趕赴漢口，對馬號艦長町田駒次郎大佐出任英、美、法、德、意、日、俄七國聯合陸戰隊司令至 11 月底。11 月 6 日，日本海軍已有 14 艘艦艇分布在漢口、大冶、九江、安慶、蕪湖、南京、鎮江、江陰、上海、長沙、沙市各地。

　　12 月 22 日日本再決定向漢口派駐陸軍部隊，第 18 師團一個步兵大隊約

700 人組建為中清派遣隊（後改稱華中派遣隊），由步兵第 37 聯隊長尾野實信大佐率領於 1912 年元旦抵達漢口。

日本陸軍進駐漢口始終沒有達成政府間協議，中國當局屢次交涉，當地民眾亦有抗議驅趕行動。日軍派遣隊以日商名義購地修建營房，進駐期間參與處理涉僑糾紛，兼顧情報業務。

1922 年 2 月華盛頓會議期間中日簽約解決山東懸案，同時依照《九國公約》「尊重中國之主權與獨立及領土與行政之完整」精神，日軍華中派遣隊於7 月撤銷回國。中清派遣隊／華中派遣隊歷任司令尾野實信（1911.12）、與倉喜平（1912.3）、白川義則（1913.9）、高橋於菟丸（1915.8）、神頭勝彌（1917.5）、宮地久壽馬（1918.12）、奧平俊藏（1920.8～1922.7）。

辛亥革命期間在華北的日軍清國駐屯軍增設北清派遣隊。

1911 年 12 月初革命軍攻佔南京時，清兩江總督張人駿、江寧將軍鐵良、江南提督張勳等 15 人赴秋津洲號防護巡洋艦避難，日軍將其送至上海。1912年 1 月 12 日革命軍運輸船 4 艘從上海啟航北上遼東，日本海軍省指示第 2 艦隊司令、旅順口鎮守府司令應阻止其在遼東中立區域登陸。1 月 14 日海軍省再指示：若清皇室、政要來投時「應竭力保護之」。辛亥革命期間日本陸海軍在中國的行動，除了表面上的護僑，更顯示其一貫的乘隙介入中國政治，窺測方向、以求一逞。

第一次世界大戰攫取膠澳

1898 年德國強租膠澳並獲准修建膠濟鐵路。一戰爆發後，因日英同盟關係（1902～1923）英國要求日本對德宣戰。1914 年（大正 3 年）8 月 23 日大隈重信內閣（Ⅱ）決定聯合英軍進攻德占膠澳，時中國為中立國。8 月 27 日日本海軍封鎖膠州灣，9 月 2 日日軍登陸龍口，隨即西下攻擊濰縣、濟南，至10 月初控制膠濟鐵路及沿線礦產，11 月 7 日攻克德軍青島要塞。參戰日軍部隊有：

陸軍獨立第 18 師團，由第 18 師團（轄步兵第 23、24 旅團）與步兵第 29旅團合編，有 6 個步兵聯隊，野戰重炮兵第 2、3 聯隊，獨立攻城重炮兵第 1～4 大隊，合計 2.9 萬人，第 18 師團長神尾光臣擔任指揮官。

海軍第 2 艦隊（加藤定吉），轄防護巡洋艦 6 艘、炮艦 4 艘、海防艦 9 艘。10 月 17 日 3709 噸的高千穗號海防艦在膠州灣被德國 S90 號魚雷艇擊沉，是

日本帝國海軍第一艘被敵方擊沉的艦艇。

日本陸海軍航空首次投入實戰。陸軍航空組建青島派遣航空隊（隊長有川鷹一工兵中佐，後首任陸軍航空學校長），使用法制 MF.7 偵察轟炸機。海軍派出若宮號水上機母艦，搭載 4 架水上偵察機，航空指揮官山崎太郎中佐。

英軍 N.W.Barnardiston 少將指揮一個營及兩個印度連，海軍出動 1.17 萬噸的 Triumph 號戰列艦與 1 艘驅逐艦。

日軍攻佔青島後成立陸軍青島守備軍，歷任軍司令神尾光臣（1914.11）、大谷喜久藏（1915.5）、本鄉房太郎（1917.8）、大島健一（1918.10）、由比光衛（1919.6～1922.12）。青島守備軍下屬部隊稱青島守備步兵隊，司令少將軍銜。轄青島守備步兵第 1～4 大隊，由國內師團抽調人員組成，例如 1919 年時守備步兵第 4 大隊由步兵第 12、42、44、62 聯隊各一中隊組成。

日軍攻佔青島後引發長達半年的中日《二十一條》交涉事件。1918 年 9 月 24 日中日《山東問題換文》議定中日合辦膠濟鐵路，日軍駐紮濟南、青島兩地。1922 年 2 月 4 日華盛頓會議期間中日簽署《解決山東懸案條約》，膠澳歸還中國，膠濟鐵路及日資礦山有償轉讓中國，日軍從青島、濟南撤走，青島守備軍取消。

以北滿為基地出兵蘇俄

1918 年 3 月蘇俄單獨對德媾和，協約國以援助蘇俄境內捷克軍團、搶救軍用物資名義出兵干涉，月底日本與中國訂立共同防敵有關協定，以便利日本借道滿洲參與出兵蘇俄行動，當然日本一貫的算盤是趁機蠶食中國利益。

8 月日本陸軍組建浦鹽（海參崴）派遣軍，首批出動 3 個師團。正在關東輪值的第 7 師團（藤井幸槌）越過南滿鐵路寬城子界線，經由東清鐵路開往滿洲里方向，攻擊赤塔。第 7 師團一部開往黑河，進攻海蘭泡。本土第 3 師團（大庭二郎）從朝鮮經安奉鐵路、南滿鐵路、東清鐵路運送，進至赤塔、後貝加爾地區。另有本土第 12 師團登陸海參崴進入蘇俄。

為戰事需要，日軍在哈爾濱設特務機關。1918 年 8 月 23 日在黑龍江省首府龍江縣成立齊齊哈爾守備隊，第 7 師團步兵第 28 聯隊長福田榮太郎任司令，1919 年 7 月 25 日撤銷。1922 年 11 月浦鹽派遣軍撤銷，1925 年 5 月日軍撤出北部庫頁島，干涉蘇俄行動結束。

日本海軍上海陸戰隊

日本海軍陸戰隊登陸上海的最早記錄，據上海地方志辦公室《上海租界志》載，1897 年上海小車工人示威期間，日軍大島號炮艦 20 名士兵登陸守備日本領事館。

八國聯軍侵華事件期間，由橫須賀、佐世保、吳鎮守府派出的日本海軍陸戰隊 400 多人於 1900 年 9 月登陸上海駐紮一年，其後由陸軍清國駐屯軍派出上海駐屯步兵大隊接替。

日本在上海本無租界，只是參與英美公共租界管理，公共租界東區、北區因日本僑民佔有優勢，形同日本勢力範圍。1927 年 2 月中國內戰期間上海地區發生戰事，列強各國藉口租界安全派兵保護。日本海軍派天龍號輕巡洋艦與第 18 驅逐隊載運吳鎮守府特別陸戰隊 1 個大隊約 300 人進駐上海公共租界，3 月又增派佐世保鎮守府、橫須賀鎮守府特別陸戰隊與艦船陸戰隊部分兵力，合計達 4000 多人，利根號防護巡洋艦長植松煉磨（海兵 33）大佐任指揮官。8 月 20 日起這支部隊非正式地稱為上海陸戰隊（包括此期間派駐漢口的「臨時漢口聯合陸戰隊」），隸屬第 1 遣外艦隊，歷任指揮官松本忠左、柴山昌生。事件後常留置公共租界的上海陸戰隊官兵約 600 人，1928 年日本侵略山東時曾派兵參加。

上海陸戰隊為第一次淞滬作戰發難者，其後正式番號為上海海軍特別陸戰隊，司令少將軍銜。1932 年《海軍特別陸戰隊令》規定隨艦行動的臨時部隊為特設陸戰隊（習稱「陸戰隊」），常駐於某一地區執行警備任務的部隊為特別陸戰隊，特設陸戰隊、特別陸戰隊在日本海軍指揮層次上屬於第 5 級部隊，上海海軍特別陸戰隊是唯一的第 4 級部隊，這一建制延續至二戰終戰。始於 1928 年的上海陸戰隊是繼清國駐屯軍、關東總督府陸軍部之後日軍扎在中國大陸的第 3 枚釘子。

北伐戰爭期間侵略山東

1914～1922 年日軍侵佔山東 8 年，「日本勢力之扶植於青島濟南及膠濟沿線者，終已牢不可破。」（1928 年 5 月 10 日《大公報》：《山東外交關係之回顧》）。日本外務省 1927 年調查稱青島、濟南日人達 16940，投資總額 1.5 億元。

1927 年 4 月中旬南京方面指揮的北伐軍沿津浦鐵路北上，5 月 28 日田中

義一內閣決定出兵山東，在關東軍輪值的第 10 師團步兵第 33 旅團長鄉田兼安率領第 10 聯隊等 2000 多人 31 日登陸青島，一部開往濟南。隨後，日軍加派第 10 師團餘部、第 14 師團一部（其時第 14 師團正準備接任關東軍輪值）由第 10 師團長長谷川直敏率領在青島上陸。海軍出動第 2 遣外艦隊平戶、對馬號防護巡洋艦，常磐號敷設艦，以及上海陸戰隊部分兵力。7 月後北伐軍受挫南撤，8 月 24 日日本內閣決定撤兵，9 月 8 日完成。出兵期間田中義一主持召開臭名昭彰的東方會議。

1928 年（昭和 3 年）4 月中國北伐軍發起二次北伐。4 月 18 日，第 2 遣外艦隊司令向田金一率球磨、對馬、古鷹號巡洋艦，椿號驅逐艦入駐青島，22 日各艦聯合陸戰隊 550 人上陸，後又加派常磐、能登呂、蓮、蓼、椿、欅、桑號軍艦佈防芝罘、龍口。

4 月 19 日田中義一內閣決定再次出兵。日軍中國駐屯軍 3 個步兵中隊組成臨時濟南派遣隊於 4 月 20 日佔據膠濟鐵路重要站點。第 6 師團 5000 人從門司出航，4 月 25 日在青島登陸、留置步兵第 36 旅團於此，其餘部隊由步兵第 11 旅團長齋藤瀏率領 5 月 2 日開抵濟南。

4 月 30 日北洋系山東省督辦張宗昌逃離濟南，5 月 1 日北伐軍第 40 軍（賀耀祖）、第 41 軍（方振武）進入濟南，5 月 3 日晨城內發生槍戰，5 月 4 日日本又加派關東軍第 14 師團步兵第 28 旅團、朝鮮軍飛行中隊，以及本土第 3 師團，5 月 7 日第 6 師團長福田彥助到達後任日軍最高長官（齋藤瀏因處置不當被免職待命）。日軍提出嚴苛談判條件，10 日午夜北伐軍決定撤出濟南繞道北進，11 日日軍控制全城。

5 月 17 日日軍第 3 師團先遣隊上陸，擔任青島及膠濟鐵路警備。8 月後日本海軍陸戰隊、第 6 師團相繼撤出，由第 3 師團（安滿欽一）接任佔據濟南、青島及膠濟鐵路。

5 月 18 日日本公使芳澤謙吉在北京壓迫張作霖就範，既拿濟南事件相威逼，又許以出兵掩護奉軍退回東北，終於在 6 月 4 日關東軍製造皇姑屯事件，正是田中義一內閣的擴張野心、裕仁登基大典年全民亢奮的必然結果。1929 年 1 月底始，日本公使芳澤謙吉與中國方面多次談判，3 月 28 日在南京簽訂《中日濟案協定》：日軍全部撤出山東，雙方損害將另行調查。此後日本對華挑釁繼續不斷，兩年半後爆發九一八事變，中日進入準戰爭狀態，濟案政治解決可能性盡失，唯有刀兵相見一途。

1931 年 9 月 18 日時，常駐中國國土的日軍地面建制部隊是 1901 年《辛丑條約》後駐紮京榆鐵路要地的中國駐屯軍，1905 年《中日會議東三省事宜條約》後駐紮南滿鐵路沿線及關東租借地的關東軍與海軍旅順防備隊，1927 年 8 月以保護租界為名駐紮上海虹口的海軍上海陸戰隊，分別是七七事變、九一八事變、一二八事變發難者，另有日本海軍第 1、2 遣外艦隊分別專任巡弋中國南方、北方水域。

第 3 章　關東軍沿革

　　1895 年俄國領銜「三國干涉還遼」，其後變本加厲向中國索取回報，1898 年 3 月獲得旅順、大連租借權與南滿鐵路修建權，租借地依俄國行政區劃稱「關東州」。日俄戰爭後，依據 1905 年日俄《樸資茅斯條約》、中日《東三省善後事宜條約》日本獲得關東州（3462 平方公里）及南滿鐵路（包括安奉鐵路）各項權利。日本在遼陽成立關東總督府，內設陸軍部，1906 年改稱關東都督府並移駐旅順。

九一八事變前的關東軍

　　1919 年日本陸軍在東北實行軍政分治，分設關東廳、關東軍。「關東軍」作為部隊番號的歷史始於 1919 年 4 月 11 日，通常也理解為 1905 年始常駐中國東北的日本陸軍。

　　1905 年 1 月日軍奪取旅順時即於 1 月 9 日組建旅順要塞，是日本陸軍在中國東北的第一支常駐部隊。本土師團實行「輪值」制派駐關東州與南滿鐵路沿線，一般兩年一期（1918 年干涉蘇俄期間發生臨時變動）：

　　1905～1906 年第 14 師團，1905～1907 年第 16 師團，1907～1909 年第 10 師團，1909～1911 年第 11 師團，1911～1913 年第 5 師團，1913～1915 年第 13 師團，1915～1917 年第 17 師團，1917～1918 年第 7 師團，1918～1920 年第 10 師團，1919～1921 年第 16 師團，1921～1923 年第 15 師團，1923～1925 年第 6 師團，1925～1927 年第 10 師團，1927～1929 年第 14 師團，1929～1931 年第 16 師團，1931 年 4 月第 2 師團。

　　「輪值」師團本部駐遼陽，實際出動兵力約為正常編制的一半。1909 年

又在公主嶺組建獨立守備隊，轄6個步兵大隊4000多人。至九一八事變時日本陸軍駐防關東州及南滿鐵路沿線的部隊即由「輪值」師團、獨立守備隊與旅順要塞3個單位構成，兵力部署最北及於長春寬城子南。1918年9月「輪值」的第7師團轉調參與干涉蘇俄行動，1928年5月濟南慘案期間關東軍派出第14師團一部登陸青島，6月關東軍高級參謀河本大作大佐策劃炸死奉軍首領張作霖，東京國際軍事法庭認定此舉為日本侵華始點。

關東軍地面部隊沿革

九一八事變後日軍佔領東三省全境（包括今遼寧省、吉林省、黑龍江省，內蒙古自治區呼倫貝爾市、興安盟、通遼市各一部），關東軍司令部自旅順遷瀋陽，1932年溥儀政權成立後遷長春。關東軍司令兼任駐溥政權大使、關東廳長官（1934年12月關東廳改為大使館內設機構，稱關東州廳。另設關東局統管日本在東北所有非軍事機構，關東軍司令兼任關東局長官），關東州維持原有租借地位。1933年1月1日關東軍進佔河北省臨榆縣，1月3日進佔熱河省綏東縣，3月4日佔領承德，5月熱河省與臨榆縣一部被併入溥儀政權行政區劃，東三省、熱河省成為關東軍作戰地域。

圖3-1　1932年1月3日日軍朝鮮軍第19師團混成第38旅團（依田四郎）佔領錦州，背景是錦州城廣濟寺塔。九一八事變次日日軍控制瀋陽全城，東北邊防軍參謀長榮臻率官署退至錦州，張學良令米春霖在錦州代理遼寧省府主席，東北邊防軍副司令兼吉林省主席張作相指揮錦州防衛。1932年底日軍發起進攻錦州，守軍奉命撤往關內，標誌東三省首腦機關完全解體。

　　七七事變時關東軍察哈爾派遣兵團侵入關內，受中國駐屯軍指揮。8 月至 10 月，關東軍直接指揮所部發起察哈爾、綏遠作戰。11 月關東軍操縱成立「蒙疆聯合委員會」，日本陸軍中央為遏制關東軍擴張察綏晉北，決定撤銷察哈爾派遣兵團，組建直屬大本營的駐蒙兵團。1938 年 1 月 4 日《大陸命第 39 號》限定關東軍作戰地域是東四省，「蒙疆聯合委員會」歸駐蒙兵團指導（7 月駐蒙兵團改制為駐蒙軍，編入華北方面軍序列）。

　　1938 年 5 月關東軍派兵增援徐州作戰。1938 年境內發生張鼓峰邊境作戰（參戰者朝鮮軍第 19 師團），1939 年發生諾門坎邊境作戰。1941 年 7 月以「關東軍特別演習」實施對蘇作戰準備，關東軍兵力增加一倍達 74 萬。日本戰敗前夕日軍《大陸命 1374 號》規定關東軍、中國派遣軍分界線是「山海關—大城子（寧城）—達里諾爾湖東端」，包括承德的熱河省西南部劃入中國派遣軍作戰地域。駐熱河的關東軍第 108 師團主體撤至錦縣，以第 108 師團步兵第 240 聯隊為基幹編組承德支隊，編入中國派遣軍。

　　1945 年 8 月遠東戰役關東軍與蘇聯遠東軍局部交戰至 8 月 20 日投降繳械。

　　根據雅爾塔會議精神，盟軍最高統帥部《第 1 號命令》規定蘇軍在中國受降區域是東三省，整個熱河省屬於中國戰區受降範圍，承德支隊在中國派遣軍序列投降繳械。

　　戰爭末期北部朝鮮第 34 軍、南部朝鮮第 17 方面軍先後編入關東軍序列，本書未涉及。

　　1945 年 8 月 9 日關東軍兵力在滿洲 51 萬、北部朝鮮 7 萬、南部朝鮮 22 萬，多為新編部隊。下轄 3 個方面軍、7 個軍，作戰部隊總計 31 個師團、11 個獨立混成旅團、2 個獨立戰車旅團、1 個機動旅團、第 15 國境守備隊。其中中國東三省 22 個師團、8 個獨立混成旅團、2 個獨立戰車旅團、1 個機動旅團、第 15 國境守備隊。境內第 2、5 航空軍分駐長春、漢城，隸屬本土航空總軍序列。

關東軍（東三省、熱河省）地面部隊異動年度統計

1931 年

　　調入——本土第 8、10 師團分別派出混成第 4、8 旅團，朝鮮軍第 19、20 師團分別派出混成第 38、39 旅團。

原有——1905 年組建旅順要塞，1909 年組建獨立守備隊，第 2 師團當年輪值。

年終兵力——第 2 師團；混成第 4、8、38、39 旅團（注：混成第 38、39 旅團後由第 20 師團司令部指揮）；獨立守備隊；旅順要塞。

1932 年

調入——第 6、8、14 師團；第 7 師團派出混成第 14 旅團；騎兵第 1、4 旅團。

調出——第 2 師團回國；混成第 38、39 旅團朝鮮歸建；混成第 4 旅團現地歸建。

年終兵力——第 6、8、14 師團；混成第 14 旅團；騎兵第 1、4 旅團；獨立守備隊；旅順要塞，第 10 師團混成第 8 旅團調整改稱混成第 33 旅團。

1933 年

組建——第 2、3 獨立守備隊。

調出——第 6 師團回國；獨立守備隊改稱第 1 獨立守備隊。

年終兵力——第 8、14 師團；混成第 14、33 旅團；騎兵第 1、4 旅團；第 1～3 獨立守備隊；旅順要塞。

1934 年

調入——第 3、7、16 師團；獨立混成第 1、11 旅團。

組建——第 4 獨立守備隊。

調出——第 8、14 師團回國，混成第 14、33 旅團回國歸建。

年終兵力——第 3、7、16 師團；獨立混成第 1、11 旅團；騎兵第 1、4 旅團；第 1～4 獨立守備隊；旅順要塞。

1935 年

年終兵力——第 3、7、16 師團；獨立混成第 1、11 旅團；騎兵第 1、4 旅團；第 1～4 獨立守備隊；旅順要塞。

1936 年

調入——第 1、9、12 師團。

組建——第 5 獨立守備隊。

調出——第 3、7、16 師團回國

年終兵力——第 1、9、12 師團；獨立混成第 1、11 旅團；騎兵第 1、4 旅

團；第 1～5 獨立守備隊；旅順要塞。

1937 年

調入——第 2、4、18、8 師團；騎兵第 3 旅團。

組建——獨立混成第 11 旅團在察哈爾擴編為第 26 師團，琿春駐屯隊。

調出——第 9、18 師團調關內，第 26 師團改隸駐蒙兵團；獨立混成第 11 旅團

年終兵力——第 1、2、4、8、12 師團；獨立混成第 1 旅團；騎兵第 1、3、4 旅團；

第 1～5 獨立守備隊；琿春駐屯隊；旅順要塞。第 1、2 師團分別編成混成第 2、15 旅團，獨立混成第 1、11 旅團派往關內作戰，除獨立混成第 11 旅團歸建。

1938 年

調入——第 7、23、104、11 師團。

組建——第 1 戰車群；第 1～8 國境守備隊。

撤銷——第 104 師團與騎兵第 1、4 旅團調關內；獨立混成第 1 旅團撤銷。

年終兵力——第 1、2、4、7、8、11、12、23 師團；第 1 戰車群；騎兵第 3 旅團；第 1～5 獨立守備隊；第 1～8 國境守備隊，琿春駐屯隊；旅順要塞。

5 月第 2、7 師團分別派出混成第 3、13 旅團入關內，6 月徐州作戰後歸建。

1939 年

組建——第 24 師團；第 6～8 獨立守備隊。

年終兵力——第 1、2、4、7、8、11、12、23、24 師團；第 1 戰車群；騎兵第 3 旅團；

第 1～8 獨立守備隊；第 1～8 國境守備隊；琿春駐屯隊；旅順要塞。（第 14 師團從新鄉調東北預定增援諾門罕作戰，不久回國）。

1940 年

調入——第 10、14、9 師團。

組建——第 28、25 師團；第 2 戰車群；第 9 獨立守備隊；第 1～13 國境

守備隊。

撤銷——第 4 師團調關內，第 2、7 師團回國。

年終兵力——第 1、8～12、14、23～25、28 師團；第 1、2 戰車群；騎兵第 3 旅團；第 1～9 獨立守備隊；第 1～8、10～13 國境守備隊，琿春駐屯隊；旅順要塞。

1941 年

調入——第 51、57 師團。

組建——第 29 師團；第 9 國境守備隊，阿爾山駐屯隊。

撤銷——第 51 師團調關內。

年終兵力——第 1、8～12、14、23～25、28、29、57 師團；第 1、2 戰車群；騎兵第 3 旅團；第 1～9 獨立守備隊；第 1～13 國境守備隊，琿春駐屯隊，阿爾山駐屯隊；旅順要塞。

1942 年

組建——第 71 師團；戰車第 1、2 師團，教導戰車旅團。

撤銷——第 1、2 戰車群；琿春駐屯隊；第 3 戰車群 7 月從南方戰場調關東軍即解散。

年終兵力——第 1、8～12、14、23～25、28、29、57、71 師團；戰車第 1、2 師團，教導戰車旅團；騎兵第 3 旅團；第 1～9 獨立守備隊；第 1～13 國境守備隊；阿爾山駐屯隊；旅順要塞。

1943 年

調入——第 27 師團。

撤銷——第 3～5 獨立守備隊撤銷、改編。

年終兵力——第 1、8～12、14、23～25、27～29、57、71 師團；戰車第 1、2 師團，教導戰車旅團；騎兵第 3 旅團；第 1、2、6～9 獨立守備隊；第 1～13 國境守備隊，阿爾山駐屯隊；旅順要塞。

1944 年

組建——第 107、108、111、112、119、120 師團，獨立混成第 73 旅團，富錦駐屯隊，機動第 1 旅團，獨立戰車第 1 旅團，第 14 國境守備隊，關東州警備司令部。

撤銷——第 14 師團調帕勞群島，第 29 師團回國再調關島，第 28 師團調

先島群島，第 24 師團調沖繩島，第 12 師團調臺灣，第 9 師團調沖繩島再調臺灣，第 8、23 師團與戰車第 2 師團調呂宋島，第 27 師團調關內，第 10 師團調臺灣再調呂宋島，第 1 師團調呂宋島再調萊特島。第 1、2、7、8、9 獨立守備隊，第 8、10 國境守備隊，阿爾山駐屯隊撤銷改編。

　　年終兵力──第 11、25、57、71、107、108、111、112、119、120 師團；獨立混成第 73 旅團；戰車第 1 師團，教導戰車旅團，獨立戰車第 1 旅團；騎兵第 3 旅團；機動第 1 旅團；第 6 獨立守備隊；第 1～7、9、11～14 國境守備隊，富錦駐屯隊；旅順要塞。

　　1945 年

　　調入──第 39、63、117、79 師團。

　　組建──第 121～128、134～139、148、149 師團；獨立混成第 77、78、79、80、130～136 旅團；第 15 國境守備隊；獨立戰車第 9 旅團。

　　撤銷──第 11、25、57 師團回國，第 71 師團調臺灣，第 111、120、121、137 師團調南部朝鮮；戰車第 1 師團、教導戰車旅團回國；獨立混成第 133 旅團調朝鮮，旅順要塞併入關東州警備司令部；獨立混成第 73、77、78 旅團，騎兵第 3 旅團，第 6 獨立守備隊，第 1～7、9、11～14 國境守備隊，富錦駐屯隊撤銷改編（注：第 1 國境守備隊曾改稱東寧旅團，再撤銷改編）。

　　日本投降時關東軍部隊──第 39、63、79、107、108、112、117、119、122～128、134～136、138、139、148、149 師團；獨立混成第 79、80、130～132、134～136 旅團；獨立戰車第 1、9 旅團；機動第 1 旅團；第 15 國境守備隊；關東州警備司令部。

附注：

1. 1945 年 7 月大本營令關東軍編組獨立混成第 137、138 旅團，並未執行。

2. 1943 年以第 3、5 獨立守備隊編成海上機動第 1、2 旅團，派往馬紹爾群島、棉蘭老島；1944 年在本土與東北編成 8 個野戰補充隊，隨即調入中國關內；1944 年關東軍部隊編成第 1～7、9～11 派遣隊派往中太平洋等處；1944 年關東軍組建第 68 旅團增援塞班島；這些部隊均未進入關東軍部隊統計。

3. 關東軍第 1～3 特別警備隊由關東軍情報部下屬支部編成，未進入本統計。

4. 圖們江下游自琿春至河口約 70 公里狹長地帶介於朝鮮與蘇聯之間，曾被劃為朝鮮軍作戰地域，1938 年張鼓峰邊境作戰由駐羅南的朝鮮軍第 19 師團實施。戰爭末期又將圖們江下游右岸包括羅津港在內的區域劃歸關東軍第 3 軍，原屬朝鮮軍的羅津要塞編入第 3 軍序列。

5. 1937 年 9 月第 18 師團編入關東軍，在北九州待機，10 月 20 日編入第 10 軍，登陸金山衛。

　　1931 年始先後編入關東軍的合計 51 個師團，其構成情況是：

　　本土除近衛師團、第 5、第 19、第 20 師團外的 13 個常設師團；

　　侵華特設師團第 18、104 師團，首批三聯隊師團第 23、26、27 師團，抽出聯隊組建師團第 24、25、28、29 師團，抽出聯隊與琿春駐屯隊組建第 71 師團，新常設師團第 51、57 師團；

　　1944～1945 年就地組建、調往朝鮮第 111、120、121、137 師團；

　　終戰時關東軍的 22 個師團，即 1945 年從關內調入 3 個師團，1944、1945 年就地組建 19 個師團。

　　以師團數與師團戰鬥力評判關東軍兵力：1941 年「關特演」達到 13 個精銳師團，總兵力 70 萬人、14 萬匹馬、600 架飛機。因南方作戰極為順利，1942 年關東軍師團數得以繼續增長以保持對蘇戰備態勢。1943 年末有 15 個精銳師團，是師團戰鬥力最高點。至 1945 年 3 月這 15 個師團全部調離東北，關東軍大換血。日軍戰略意圖反覆變更、部隊頻繁組建調動的後果之一是第 12、25、57、71 師團 4 個精銳師團戰時毫無作戰經歷。

　　終戰時關東軍師團數達到有史以來的最高點，但 91%師團係 1944 年 5 月後匆忙新建，實際戰鬥力很低。不僅如此，1945 年有一個關東軍兵力最差的時間節點，即 6 月 17 日關東軍僅有 12 個師團（即 1944 年組建第 107、108、112、119 師團，1945 年 1 月組建第 79、122～128 師團），之後才從關內調入第 39、63、117 師團，7 月 10 日第二次擴軍動員組建第 134、135、136、138、139、148、149 師團，最終達到 22 個師團。

　　關東軍在兵力最差時正是面臨最大的危險：1945 年 4 月 5 日蘇聯外交部長莫洛托夫召見日本大使佐藤尚武，聲明不延長將於 1946 年 4 月到期的《蘇日中立條約》（該條約規定「如締約任何一方在 5 年期滿前一年未通知廢止本條約時，則本條約應視為自動延長 5 年」）。蘇聯發出了危險信號，

日本卻並未緊急應對——至 6 月 17 日關東軍只有 12 個很弱的師團。這個詭異情節的發生緣於日本對蘇聯立場走向的誤判：認定蘇聯已無須使用軍事手段來報復日本，通過政治途徑就可以獲取遠東權益。日本因而在蘇聯身上寄託著居間調停的希望，一再要求蘇聯接受近衛文麿特使訪蘇，日本內定以獻出中國東北為對價，而可能保住朝鮮或其他海外地區。直到 8 月 7 日 15 時 40 分日本外務省還致電佐藤尚武催促蘇聯對近衛訪蘇表態，次日佐藤應召面見莫洛托夫欲就此詢問，結果是莫洛托夫告知蘇聯於 9 日對日宣戰。

關東軍指揮機關沿革

（一）關東軍司令與參謀長

歷任關東軍司令／總司令（1942 年 10 月始）：立花小一郎（1919.4）、河合操（1921.1）、尾野實信（1922.5）、白川義則（1923.10）、武藤信義（1926.7）、村岡長太郎（1927.8）、畑英太郎（1929.7）、菱刈隆（1930.6）、本莊繁（1931.8）、武藤信義（1932.8）、菱刈隆（1933.7）、南次郎（1934.12）、植田謙吉（1936.3）、梅津美治郎（1939.9）、山田乙三（1944.7）。

歷任關東軍參謀長／總參謀長（1942 年 10 月始）：浜面又助（1919.4）、福原佳哉（1921.3）、川田明治（1923.8）、齋藤恒（1925.12）、三宅光治（1928.8）、橋本虎之助（1932.4）、小磯國昭（1932.8）、西尾壽造（1934.3）、板垣征四郎（1936.3）、東條英機（1937.3）、磯谷廉介（1938.6）、飯村穰（1939.9）、木村兵太郎（1940.10）、吉本貞一（1941.4）、笠原幸雄（1942.8）、秦彥三郎（1945.4）。

（二）關東軍下設指揮機關沿革

1937 年

7 月組建察哈爾派遣兵團赴關內指揮察哈爾、綏遠作戰，10 月撤銷。

1938 年

首次設軍建制，1 月組建第 3 軍（牡丹江掖河），7 月組建第 4 軍（孫吳）。

1939 年

5 月組建第 5 軍 II（東安街），8 月組建第 6 軍（海拉爾）。

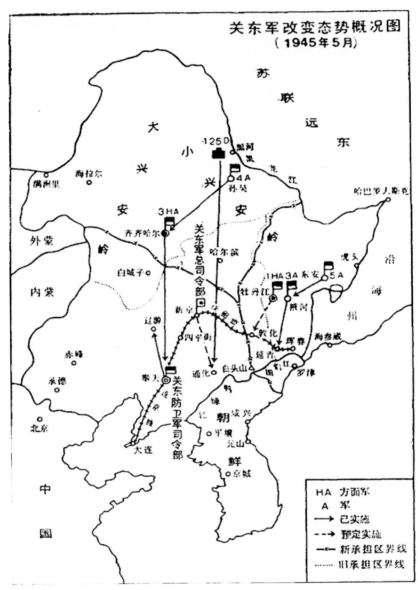

圖 3-2　關東軍三級指揮機關駐地及移動態勢（1945 年 5 月），大本營確定關東軍對蘇作戰要點是確保琿春—敦化—新京（長春）—奉天—大連鐵路以南地區，指揮中心設在通化。

1941 年

7 月組建關東防衛軍（長春），9 月組建第 20 軍（雞西雞寧）。

1942 年

6 月組建機甲軍（四平），7 月組建第 2 軍 II（間島，今龍井）。

首次設方面軍建制，7 月組建第 1 方面軍（牡丹江），第 2 方面軍（齊齊哈爾）。

10 月關東軍升格為總軍。

1943 年

10 月組建第 3 方面軍（齊齊哈爾）。10 月撤銷機甲軍，11 月第 2 方面軍、第 2 軍司令部調往澳北。

1944 年

9 月第 20 軍司令部調往關內湖南。

1944 年 9 月 18 日，日軍大本營令關東軍準備「全面的持久戰」。德國投降後又決定關東軍作戰要點是「擊潰入侵滿洲之敵，確保京圖線（新京—圖們）以南、連京線（大連—新京）以東要地，以利於堅持全面作戰」。第 1 方面軍下屬第 3 軍自掖河（牡丹江近郊）移駐間島，第 5 軍自東安街移掖河，第 3 方面軍司令部自齊齊哈爾移駐奉天，關東軍直屬第 4 軍自孫吳移齊齊哈爾。

1945 年

1 月第 6 軍司令部調往關內杭州；5 月關東防衛軍從遼源移駐奉天後改編為第 44 軍，第 3 方面軍從齊齊哈爾移奉天；6 月第 34 軍司令部從漢口調北部朝鮮咸興，編入關東軍序列；7 月組建第 30 軍（長春）；8 月 10 日南部朝鮮第 17 方面軍隸屬關東軍，第 4 軍從孫吳移哈爾濱，第 3 軍自掖河移間島，第 5 軍自東安街移掖河。

（三）1945 年 8 月關東軍指揮機關最後狀態

中國東北——第 1 方面軍（轄第 3、5 軍），第 3 方面軍（轄第 30、44 軍），第 4 軍；

朝鮮——第 17 方面軍（轄第 58 軍），第 34 軍。

次於軍級的指揮機關有第 5、7、8 炮兵司令部、騎兵集團、關東州警備司令部。

（四）以上各方面軍、軍歷任司令

第 1 方面軍——山下奉文（1942.7）、喜多誠一（1944.10）；

第 2 方面軍——阿南惟幾（1942.7～1944.12），1943 年 11 月中旬調往棉蘭老島達沃；

第 3 方面軍——岡部直三郎（1943.100、後宮淳（1944.8）；

第 17 方面軍（8 月 9 日第 17 方面軍改隸屬關東軍）——上月良夫（1945.4）；

第 2 軍 II——上月良夫（1942.7）、七田一郎（1943.5～1943.10），1943 年 10 月調往西部新幾內亞；

第 3 軍——山田乙三（1938.1）、多田駿（1938.12）、尾高龜藏（1939.9）、河邊正三（1941.3）、內山英太郎（1942.8）、根本博（1944.2）、村上啟作（1944.11）；

第 4 軍——中島今朝吾（1938.7）、後宮淳（1939.8）、鷲津鉛平（1940.9）、橫山勇（1941.10）、草場辰巳（1942.12）、西原貫治（1944.2）、上村幹男（1945.3）；

第 5 軍（II）——土肥原賢二（1939.5）、波田重一（1940.9）、飯村穰（1941.10）、上村利道（1943.10）、清水規矩（1944.6）；

第 6 軍——荻洲立兵（1939.8）、安井藤治（1939.11）、喜多誠一（1941.10）、石黑貞藏（1943.3）、十川次郎（1944.1）；

第 20 軍——關龜治（1941.9）、本多政材（1943.3）、阪西一良（1944.4）；

第 30 軍——飯田祥二郎（1945.7）；

第 34 軍——櫛淵鍠一（1945.1）；

關東防衛軍／第 44 軍——山下奉文（1941.7）、草場辰巳（1941.11）、木下敏（1942.12）、吉田悳（1943.12）、本鄉義夫（1945.3）；

第 58 軍（1945 年 6 月在第 17 方面軍序列組建駐朝鮮濟州島）——永津佐比重；

機甲軍——吉田悳（1942.6～1943.10）。

（五）關東軍管區

1941 年 11 月日本軍管區體制改制，在本土以外首設臺灣軍管區、朝鮮軍管區、關東軍管區，關東軍管區由關東軍司令部兼任，下轄新京、奉天、通化、錦州、大連、間島、齊齊哈爾、哈爾濱、牡丹江兵事區。

日本陸軍設在東三省的學校

東三省、熱河省是日本陸軍的獨佔地盤，除攫取經濟資源、鎮壓中國軍民反抗、準備對蘇作戰，還擔負調往中國關內戰場、太平洋戰場部隊的編組、訓練，日本陸軍在此開辦了 4 所軍事學校。

1. 奉天陸軍預備士官學校，1939 年 8 月至 1941 年期間 8 月存在，後遷

本土改稱久留米第一陸軍預備士官學校。

2. 陸軍公主嶺學校，陸軍教育總監部管轄，1939 年 8 月～1944 年 8 月期間存在。學校開設諸兵種合成作戰研究與教育科目，對象是步兵大隊長、中隊長。1944 年 6 月以學校教導群為基幹組建新式精銳部隊第 68 旅團，轄 5 個 10 釐米榴彈炮中隊，裝備一式機動 47 毫米速射炮、百式衝鋒槍、百式火焰噴射器等，兵力達 6000。1944 年 11 月經馬尼拉增援萊特島，途中遭受美軍艦艇攻擊，又臨時變更登陸地點，以致建制割裂、重裝備大部損失，基本沒有起到作用。

3. 公主嶺陸軍戰車學校／四平陸軍戰車學校，陸軍機甲本部管轄，1940 年以陸軍公主嶺學校戰車教導隊為基幹組建，1942 年遷四平後改稱四平陸軍戰車學校，1945 年 7 月撤銷改編為獨立戰車第 9 旅團。

4. 白城子陸軍飛行學校，1939 年 7 月從本土熊谷陸軍飛行學校分設。白城子陸軍飛行學校的教導飛行群編入航空兵團戰鬥序列，1942 年 11 月調往澳北戰場。1944 年 6 月學校改編為本土宇都宮教導飛行師團。

因本土屢遭空襲且燃料缺乏，1945 年 4 月陸軍航空士官學校第 59 期（1944 年 3 月入學）駕駛科學員轉移東北訓練，派遣隊本部設牡丹江，8 月初又轉來第 60 期駕駛科學員，調入 4 式基本練習機、1 式雙發高等練習機、99 式高等練習機約 700 架。

關東軍結局

1945 年 4 月 5 日莫洛托夫召見日本大使佐藤尚武，聲明「在此情況下，日本與蘇聯間的中立條約已失去其意義，證明這一條約的延長是不可能了。」莫洛托夫的聲明並非即時中止條約，蘇聯對於日本與美、中、英之交戰的態度仍屬恪守中立。事實上莫洛托夫聲明並未使日本意識到最後關頭的到來，至 6 月 17 日關東軍僅有 12 個師團，7 月 10 日關東軍才進行第二次擴軍動員。日本在蘇聯身上一直寄託著居間調停的希望，而蘇聯早就設定好了自己在遠東局勢中的特殊角色。

美英蘇三國首腦在德國波茨坦開會半月多，7 月 26 日發布的卻是美中英三國之《波茨坦公告》。《波茨坦公告》實即最後通牒，日本人不可能懵然無知，日本內閣為何還會表態「漠然視之」呢？日本人看到的是蘇聯仍然沒有加入美中英反日同盟，尚存一線希望。

蘇聯在遠東的作戰準備早已開始。梅列茨科夫元帥於 4 月中到達烏蘇里斯克（雙城子）遠東第 1 方面軍之前身濱海集群司令部就任。關東軍情報判斷，6 月末遠東軍兵員與主要裝備的調動已達到實際開戰水平的 80%以上。6 月下旬莫斯科勝利閱兵期間蘇軍大本營確定了遠東戰役具體計劃並以 6 月 28 日訓令發布，從 6 月底到 8 月 8 日蘇聯隨時都有把握髮起遠東戰役。

一方面是兵員、裝備與物資的充足準備，另一方面是開戰的關鍵幾步儘量拖延。蘇軍總參謀長安東諾夫在波茨坦會議期間排出的「8 月下半月」開戰時間表，有意拖後「德國投降 2、3 個月內對日作戰」的承諾，又附加蘇中條約簽字的前提。7 月 28 日在波茨坦會議期間斯大林有意透露說，他兩次收到日本政府的請求，要他在日本與英美之間就結束戰爭的問題進行斡旋。這些情節表明蘇聯在等待美國還有什麼牌——美、英方面會以更高的條件再次請求蘇聯參戰嗎？

8 月 6 日美國在廣島投下原子彈，蘇聯的等待——保持蘇日中立條約關係——到了最後時刻，8 月 7 日 15 時 40 分日本外務省還致電佐藤尚武催促蘇聯對近衛訪蘇（日本欲派近衛文麿赴蘇、請求蘇聯調停）表態，次日佐藤應召面見莫洛托夫欲就此詢問，結果是莫洛托夫告知蘇聯於 9 日對日宣戰。

8 月 9 日淩晨蘇軍發起攻擊，10 日日軍大本營強調「以對蘇作戰為主，隨時擊破進犯之敵，確保朝鮮」——大本營的意圖是即使丟掉滿洲，也要保住朝鮮。關東軍對蘇作戰準備長達十多年，當這一天來到時關東軍兵力虛弱，只能全面退縮。這既是日本帝國主義侵略擴張政策的必然結果，也反映日軍大本營戰略意圖的飄忽不定導致兵力左支右絀。關東軍總司令山田乙三率幕僚赴通化設指揮所，以通化為中心的長春—圖們線以南、大連—長春線以東地區預定為關東軍第一收縮地。第 1 方面軍司令部從牡丹江退往敦化，第 3 方面軍下屬第 44 軍自遼源退奉天。關東軍直屬第 4 軍自齊齊哈爾後移哈爾濱。關東軍部隊緊急調動的主要態勢是西線與北線部隊向腹地收縮，東線有較多抵抗。關東軍的 17 處邊境築壘地域、守備陣地，卻與此時作戰意圖不符，造成關東軍作戰指揮上的尷尬。遠東戰役與蘇軍實際交戰的日軍只有牡丹江地區第 124、126、135 師團，東寧、琿春地區第 112、128 師團，富錦地區第 134 師團，大興安嶺地區第 107、119 師團，璦琿、孫吳地區第 123 師團、獨立混成第 135 旅團，海拉爾地區獨立混成第 80 旅團，華北方面軍張北地區獨立混成第 2 旅團，第 5 方面軍南庫頁島第 88 師團、占守島第 91 師團。

　　8 月 14 日華盛頓時間 19 時（東京 15 日 9 時莫斯科 15 日 2 時）杜魯門宣布日本投降，「已經命令盟國的武裝部隊停止進攻」。由於不存在統一的盟軍指揮部或統帥，駐莫斯科美國軍事使團團長迪恩少將把這一訓令轉交給蘇聯最高統帥部，希望蘇軍也停止軍事行動，但是蘇軍總參謀部於 8 月 16 日發表聲明稱日本武裝部隊未真正投降，蘇軍將繼續作戰。

　　15 日中午天皇《終戰詔書》廣播後，關東軍尚在等待大本營的具體命令。16 日起東京與馬尼拉麥克阿瑟司令部建立直接通信，日軍大本營奉盟軍最高統帥部指令發布停戰令《大陸命 1382 號》。關東軍總參謀長秦彥三郎受命赴哈爾濱蘇聯總領事館聯繫投降事宜，8 月 16 日晚蘇軍遠東第 1 方面軍謝拉霍夫少將在哈爾濱機場召見秦彥三郎，19 日秦彥三郎被送至遠東第 1 方面軍指揮所（蘇聯境內加里闊沃）洽降。華西列夫斯基向秦彥三郎下達了關東軍投降和解除武裝的最後通牒，限令 8 月 20 日 12 時前全部停止作戰行動，各部隊在指定地點集結並履行繳械投降。8 月 19 日上午蘇軍先遣隊飛機降落長春機場，控制關東軍總部。9 月 3 日華西列夫斯基抵達長春。9 月 5 日，山田乙三及關東軍總部將官經哈爾濱解送蘇聯伯力。

　　8 月 17 日，日軍第 5 方面軍司令樋口季一郎向所屬部隊下達停戰令，南庫頁島戰場 8 月 22 日簽字停戰，占守島戰場 8 月 23 日簽字停戰。

　　關東軍投降繳械後官兵被解送蘇聯服役，148 名將官中有 17 人死於蘇聯，包括第 1 方面軍司令喜多誠一、第 3 軍司令村上啟作、第 4 軍司令上村幹男。

　　蘇聯資料稱「日軍損失 67.7 萬名以上，其中包括戰死者約 8.4 萬名」，論者多認為戰死者 8.4 萬中大多數是溥儀政權、德王政權的軍人以及日本僑民。1964 年日本厚生省統計關東軍在東北有 66 萬人。日軍官兵繳械後以每千人編為一個作業大隊解送蘇聯境內，總計有「滿洲 430 個、北朝鮮 65 個、庫頁島千島 75 個」，則東北境內關東軍約 43 萬人。二戰末期關東軍大幅擴編，部隊組織有劇烈變動；8 個師團、7 個獨立混成旅團的編成命令發布於 7 月 10 日，終戰時這些部隊尚未完成組建；大量僑民、在鄉軍人處於被徵召過程，軍人、非軍人身份不明，文檔資料散失，這些原因使得關東軍最後的人數難於弄清。

　　至 8 月 20 日 12 時（即蘇軍規定的停止戰鬥行動截止時間）蘇軍只佔領東北小部分地區，所謂「蘇軍解放中國東北」之說不符合戰史研究慣例。

第 4 章　中國關內戰場日本陸軍指揮系統

中國關內戰場日本陸軍指揮系統沿革

　　1937 年 11 月 18 日日軍大本營設立，直接指揮華北、華中、華南地區日軍侵略行動。1939 年 9 月 12 日在南京成立中國派遣軍總司令部，為中國關內戰場日本陸軍最高指揮機構，形成「總軍—方面軍—軍—師團、獨立旅團」的組織關係。

表 4-1　七七事變至 1939 年 9 月 23 日中國關內戰場日本陸軍指揮系統

時　間	華中地區	華北地區	華南地區
1937.7.7		中國駐屯軍	（1937 年 12 月在臺灣組建第 5 軍用於華南作戰，因計劃變更於次年 2 月 15 日撤銷。）
1937.8.15	上海派遣軍	中國駐屯軍；關東軍察哈爾派遣兵團	
1937.8.26		組建華北方面軍，轄第 1、2 軍；	
1937.10.20	上海派遣軍、第 10 軍		
1937.11.7	組建華中方面軍統轄上海派遣軍、第 10 軍	1937 年末撤銷察哈爾派遣兵團，組建駐蒙兵團，直屬大本營	
1938.2.14	撤銷華中方面軍及上海派遣軍、第 10 軍機關		
1938.2.14	組建華中派遣軍，直轄師團		
1938.7.4	華中派遣軍轄第 2、11 軍	華北方面軍轄第 1 軍、駐蒙軍	
1938.9.19			第 21 軍
1938.11.7		華北方面軍轄第 1、12 軍、駐蒙軍	
1938.12.9	華中派遣軍轄第 11 軍		
1939.9.23	撤銷華中派遣軍；中國派遣軍統轄華北方面軍，第 11、13、21 軍		

附注：1938 年從關東軍調入的騎兵第 1、4 旅團合組為騎兵集團，1942 年 6 月撤銷。

表4-2 1939年9月23日至1945年8月15日中國關內戰場日本陸軍指揮系統

1939年9月12日成立中國派遣軍，轄華北方面軍，直轄第11、13、21軍				
時　　間	華南地區	華中地區	華東地區	華北地區
1939.9.23	第21軍	第11軍	第13軍	華北方面軍轄第1、12軍，駐蒙軍
1940.2.9	第21軍升格為華南方面軍，下轄新組建第22軍			
1940.7.25	華南方面軍直屬大本營			
1940.9.5	（印支派遣軍編入華南方面軍）			
1940.11.9	撤銷第22軍			
1941.6.25	撤銷華南方面軍			
1941.6.28	組建第23軍			
1941.8.12	第23軍編入中國派遣軍			
1944.7.17		第11、34軍		
1944.8.26	組建第6方面軍，轄第11、23、34軍			
1944.10.19	第6方面軍轄第11、20、23、34軍			
1945.1.25			第6軍、第13軍	
1945.3	第23軍再直屬中國派遣軍	第6方面軍轄第11、20、34軍		華北方面軍轄第1、12、43軍，駐蒙軍
1945.6.17		轄第11、20軍		

注：1939.9.23～10.26中國派遣軍總司令部兼第13軍司令部。

　　中國派遣軍轄若干方面軍、直轄若干軍，一般不直轄作戰部隊（戰爭末期華南地區第3、13、27、34、40、131師團改直屬中國派遣軍，轉進京滬預定陣位途中日本宣布投降）。

　　方面軍轄若干軍，直轄師團、飛行師團、戰車師團、獨立旅團等部隊。

　　軍轄師團、獨立旅團等部隊。機甲軍轄戰車師團。

　　航空軍轄飛行師團、獨立飛行群。

　　方面軍司令部、軍司令部有確定編制，可以脫離所轄部隊調動。

中國駐屯軍

1901 年《辛丑條約》以來，日本中國駐屯軍部隊駐紮京榆鐵路黃村、廊坊、楊村、天津、軍糧城、塘沽、蘆臺、唐山、灤州、昌黎、秦皇島、山海關等 12 處要地，兵力自數百至二千，司令部設於天津。1928 年 4 月 19 日田中義一內閣決定再次出兵山東，中國駐屯軍 3 個步兵中隊組成臨時濟南派遣隊於 4 月 20 日侵入濟南。

九一八事變後關東軍侵佔東三省、熱河省，迫使中國軍隊撤出冀東地區，繼而滲透察哈爾、綏遠，中國駐屯軍均參與其中。

1935 年中國駐屯軍主謀華北分離、冀東事變，1936 年 4 月擴大編制，屬下組建中國駐屯步兵旅團（司令部設北平），增加戰車、騎兵、炮兵等特科部隊，總兵力達 5774。

1937 年 7 月 7 日日軍在宛平北郊夜間演習時，聲稱步兵第 3 大隊第 8 中隊士兵志村菊次郎失蹤，要求進入宛平城搜尋被中國第 29 軍 37 師 110 旅 219 團（吉星文）第 3 營（金振中）拒絕而引發事端。8 日 4 時許步兵第 3 大隊長一木清直從豐臺向北平電話請示，中國駐屯步兵旅團長河邊正三當時在秦皇島公務，中國駐屯步兵第 1 聯隊長牟田口廉也作為現地最高指揮官下令日軍作戰鬥部署，從而開啟戰端。

交火發生後，河北省第 4 區專員兼宛平縣長王冷齋與日方代表櫻井德太郎少佐（此人亦是冀察政務委員會軍事顧問）於當日凌晨展開首輪交涉、談判，但事態發展已難以挽回。11 日近衛文麿內閣決議派兵侵華，關東軍獨立混成第 1、11 旅團以及混成第 2、15 旅團與駐朝鮮的第 20 師團緊急動員開往平津地區，陸軍教育總監部本部長香月清司接替身患重病的田代皖一郎任中國駐屯軍司令。7 月 28 日晨日軍各部全面進攻北平城，中國守軍撤出。8 月 26 日在天津組建華北方面軍及下屬第 1 軍，中國駐屯軍撤銷。

九一八事變始中國駐屯軍歷任司令香椎浩平（1930.12）、中村孝太郎（1932.2）、梅津美治郎（1934.3）、多田駿（1935.8）、田代皖一郎（1936.5）、香月清司（1937.7～8.26），歷任參謀長武內俊二郎（1931.8）、菊池門也（1932.1）、酒井隆（1934.8）、永見俊德（1935.12）、橋本群（1936.8～1937.8.26）。

中國派遣軍

日軍大本營於 1939 年 9 月 12 日在南京編成中國派遣軍總司令部，統一

指揮中國關內之陸軍部隊，23 日撤銷華中派遣軍，新建第 13 軍（中國派遣軍總司令兼任第 13 軍司令月餘）。中國派遣軍初轄華北方面軍（第 1、12 軍，駐蒙軍），直轄第 11、13、21 軍，共計 19 個師團、16 個獨立混成旅團、1 個騎兵集團，以及第 3 飛行集團計 18 個中隊近 200 架飛機。當時未決定在佔領地域實施軍政體制，其行政統監權僅限於與治安有關，內閣外務省、興亞院都有中國駐在機構。

1933 年 1 月關東軍進佔熱河省綏東縣，5 月《塘沽協定》後熱河省被併入溥儀政權行政區劃，1940 年 8 月關東軍在承德組建第 9 獨立守備隊駐防。1937 年 8 月 30 日大本營規定中國駐屯軍與關東軍作戰分界為「靖安堡（延慶北）—下花園（宣化南）—保安—桑乾河上游一線」，又明確察哈爾省在關東軍範圍，關東軍曾在張家口、化德設有特務機關。1938 年 1 月 4 日在關東軍與華北方面軍作戰地域之間組建蒙疆駐屯兵團，擔任內蒙、察南、晉北地區作戰，蒙疆駐屯兵團直屬大本營，司令部駐張家口。7 月 4 日蒙疆駐屯兵團改制為蒙疆駐屯軍隸屬華北方面軍，即關東軍範圍為東北與熱河省。中國派遣軍成立時，日軍大本營特規定若有作戰需要中國派遣軍可向熱河省派遣部隊。戰爭末期日軍大本營改定關東軍與中國派遣軍的作戰分界是「山海關—大城子—達里諾爾湖東端—（外蒙古）右古吉爾廟」，則熱河省包括承德在內的西南部分歸中國派遣軍。日本戰敗後盟軍《第 1 號命令》初稿第一條第 1 款「在中國（滿洲除外），臺灣及北緯 16 度以北之法屬印度支那境內的日本高級將領及所有陸海空軍及附屬部隊應向蔣中正將軍投降」。9 月 2 日《第 1 號命令》發布時修改為「在中國（滿洲除外、包括熱河）……」，又將熱河省劃為中國戰區受降區。

1940 年 7 月大本營令華南方面軍指揮侵入北部越南行動，華南方面軍一度直屬大本營，下轄印度支那派遣軍。1941 年 6 月美、日正式談判期間，日軍從北部越南撤出，印度支那派遣軍撤銷，華南地區再劃為中國派遣軍作戰地域。太平洋戰爭始，印度支那屬南方軍作戰地域。

中國派遣軍歷任總司令西尾壽造（1939.9）、畑俊六（1941.3）、岡村寧次（1944.11）、歷任總參謀長板垣征四郎（1939.9）、後宮淳（1941.7）、河邊正三（1942.8）、松井太久郎（1943.3）、小林淺三郎（1945.2）。

中國派遣軍內設機構有參謀部、副官部、兵器部、經理部、軍醫部、獸醫部、法務部。

終戰時中國派遣軍轄 2 個方面軍（6 個軍），3 個直轄軍，計 26 個師團、

1 個戰車師團、1 個飛行師團、22 個獨立混成旅團、11 個獨立步兵旅團、1 個
騎兵旅團、13 個獨立警備隊及香港防衛隊合計 105 萬餘人。

全面侵華戰爭期間岡村寧次歷任關東軍第 2 師團長（1936.3）、第 11 軍
司令、華北方面軍司令、第 6 方面軍司令、中國派遣軍總司令。戰時日本陸
軍將官當過師團、軍、方面軍、總軍四級長官的只有兩人，即山田乙三與岡
村寧次。山田乙三 1937 年 3 月始歷任關東軍第 12 師團長、關東軍第 3 軍司
令、華中派遣軍司令、關東軍總司令。

方面軍司令部

方面軍、軍司令部有固定編制，可以脫離原轄部隊調動，如 1943 年 10
月第 2 方面軍從關東軍調南方軍，駐澳北，指揮當地原有部隊。

方面軍下轄若干軍，直轄若干師團、獨立旅團等作戰部隊，以及支持、
保障、輔助單位。方面軍司令部標準編制內設機構有參謀部、副官部、兵器
部、經理部、軍醫部、獸醫部、法務部，少數有設軍政部、聯絡部等（其他稱
為某某部的則是下屬部隊，例如終戰時關東軍下轄兵事部、化學部、補給部、
情報部、技術部測量部、通信情報部、特種情報部、防疫給水部等都是部隊
組織）。設參謀長、參謀副長，參謀部下設第 1～4 課，分別負責作戰、情報、
後方、政務業務。承擔佔領地軍政事務的司令部設軍政監，常以參謀長兼任。
根據 1942 年動員計劃令，方面軍司令部增設幕僚、通信班、管理部等附屬單
位，人員約 500。

1. 華北方面軍

8 月 26 日中國駐屯軍司令部在天津改組為華北方面軍司令部，次年移駐
北平，是日本全面侵略戰爭的第一個方面軍，初設第 1、2 軍。1938 年 7 月 4
日直屬大本營的蒙疆駐屯兵團改制為蒙疆駐屯軍駐張家口，隸屬華北方面軍，
至此統一華北地區作戰指揮。1939 年 9 月中國派遣軍成立，華北方面軍隸屬
其下。終戰時華北方面軍下設第 1、12、43 軍與駐蒙軍，平津及熱察綏晉冀
魯豫 7 省境內 5 個師團、1 個戰車師團、7 個獨立混成旅團、4 個獨立步兵旅
團、1 個騎兵旅團、11 個獨立警備隊、承德支隊，官兵約 32 萬。

華北方面軍歷任司令寺內壽一、杉山元（1938.12）、多田駿（1939.9）、
岡村寧次（1941.7）、岡部直三郎（1944.8）、下村定（1944.11），歷任參謀長
岡部直三郎、山下奉文（1938.7）、笠原幸雄（1939.9）、田邊盛武（1941.3）、

安達二十三（1941.11）、大城戶三治（1942.11）、高橋坦（1944.10）。日本宣布投降後，下村定赴東京就任東久邇宮稔彥王內閣陸軍大臣，8月19日起駐蒙軍司令根本博中將兼任華北方面軍司令。

2. 華中方面軍

1937年10月底將上海派遣軍與增援的第10軍合編組為華中方面軍，直屬大本營，司令松井石根，參謀長冢田攻，攻陷南京後駐南京。初時規定華中方面軍為有限指揮權的非正規編制，上海派遣軍與第10軍各有一定獨立權，作戰區域為蘇州—嘉興連線以東。11月13日第16師團登陸長江南岸白茆口，華中方面軍序列達到最大規模：上海派遣軍第3、9、11、13、16、101師團，重藤千秋支隊；第10軍第6、18、114師團，國崎登支隊。

1938年2月14日大本營下令撤銷華中方面軍、上海派遣軍、第10軍序列，各司令部人員回國，華中方面軍司令、預備役大將松井石根解除召集。同日大本營又組建華中派遣軍，致使有的資料說是華中方面軍改稱華中派遣軍，日軍此舉實為消除南京暴行痕跡。

3. 華中派遣軍

1938年2月14日組建，歷任司令畑俊六、山田乙三（1938.12），歷任參謀長河邊正三、吉本貞一（1939.1），先後駐上海、南京、漢口。初期直接指揮第3、6、9、13、18、101師團等部隊，徐州作戰擔任南路攻擊，7月華北第2軍編入華中派遣軍，又新組建第11軍。1939年9月在南京編成中國派遣軍總司令部後為減少指揮層次撤銷華中派遣軍。

4. 華南方面軍

1940年2月廣州第21軍撤銷，組建華南方面軍取代，隸屬中國派遣軍，原在桂南地區作戰的今村兵團正式組建為第22軍編入華南方面軍，歷任司令安藤利吉、後宮淳（1940.10），歷任參謀長根本博、加藤鈅平（1941.3）。為處理法屬印度支那問題及南方作戰準備，7月華南方面軍改為直屬大本營，9月印度支那派遣軍歸其指揮，進駐北部法屬印度支那。1941年3月指揮雷州半島作戰、4月指揮福州作戰，6月28日華南方面軍撤銷並組建第23軍。

5. 第6方面軍

1944年8月組建，取代中國派遣軍漢口指揮所，初轄第11、23、34軍，擔任兩湖、江西、兩廣作戰，9月調入第20軍司令部，初期兵力達13個師

團，歷任司令岡村寧次、岡部直三郎（1944.11），歷任參謀長宮崎周一、唐川
安夫（1944.12）、中山貞武（1945.4）。1945 年 3 月後，第 23 軍改為直屬派遣
軍，第 34 軍調北部朝鮮，6 個師團改為直屬中國派遣軍、調京滬地區，終戰
時第 6 方面軍僅餘第 11、20 軍，湘鄂桂贛境內計 5 個師團、10 個獨立混成旅
團、4 個獨立步兵旅團、1 個獨立警備隊，官兵約 26 萬。

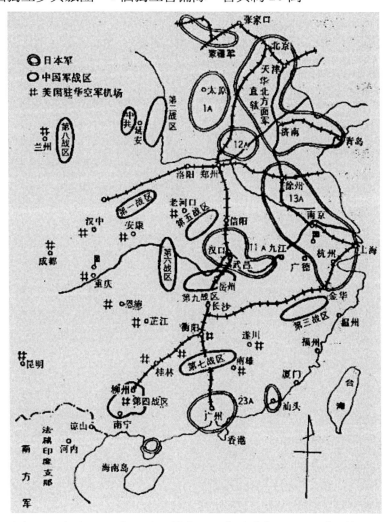

圖 4　日軍中國派遣軍 1944 年 4 月初態勢：駐蒙軍（察綏、晉北），第 1 軍（山西），
華北方面軍直轄部隊（平津冀魯），第 12 軍（河南），第 13 軍（京滬蘇皖浙閩），第
11 軍（湖北、江西），第 23 軍（廣州、香港、汕頭、雷州半島）。4 月 17 日至年底，
日軍發起打通大陸交通線作戰，再度侵入湖南、廣西、福州等處。另：侵佔滇西日軍
屬南方軍系統，日本海軍侵佔廈門、海南島（海口除外）。

軍司令部

軍指揮若干師團、獨立旅團等作戰部隊，以及支持、保障、輔助單位。軍司令部可以脫離原轄部隊調動，如 1945 年 1 月第 6 軍司令部從關東軍調中國派遣軍，駐浙江杭州，指揮當地原有部隊。

軍司令部標準編制內設機構有參謀部、副官部、兵器部、經理部、軍醫部、獸醫部、法務部，少數有設軍政部、聯絡部等。參謀長領導參謀部，設高級參謀與作戰、情報、後方、政務、通信、船舶參謀等，人員約 400。

1. 第 1 軍

1937 年 8 月 26 日，為全面侵華組建華北方面軍及下屬第 1、2 軍，原中國駐屯軍司令香月清司任第 1 軍司令，初轄第 6、14、20 師團，佔領石家莊後轉向進攻山西。1938 年參加徐州作戰，後駐石家莊、太原，擔任作戰地域為山西省（不含雁北地區），1941 年 4 月指揮中條山作戰，終戰時轄 1 個師團、1 個獨立混成旅團、2 個獨立步兵旅團、1 個獨立警備隊，約 5 萬官兵。第 1 軍歷任司令香月清司、梅津美治郎（1938.5）、篠冢義男（1939.9）、岩松義雄（1941.6）、吉本貞一（1942.8）、澄田睞四郎（1944.11），歷任參謀長橋本群、飯田祥二郎、櫛淵鍹一、田中隆吉、楠山秀吉、花谷正、堀毛一麿、山岡道武。香月清司七七事變時是教育總監本部長，7 月 12 日抵天津上任，8 月改任第 1 軍司令，幹了 10 個月因與華北方面軍意見不合免職回國，入預備役再未召集。岩松義雄、田中隆吉、花谷正都是著名的特務軍人。

2. 第 2 軍

1937 年 8 月 31 日組建於天津，初轄第 10、16、108 師團，指揮津浦鐵路作戰，攻佔濟南。1938 年指揮徐州作戰（北路），期間下屬部隊兵力：

第 5 師團人員 25143、馬匹 8193；

第 16 師團人員 24986、馬匹 8202；

第 114 師團人員 20103、馬匹 5594；

獨立混成第 5 旅團人員 5205、馬匹 609；

軍直及配屬部隊人員 20244、馬匹 7726；

軍兵站部人員 15714、馬匹 4517；

第 2 軍司令部人員 468、馬匹 183（另缺第 10 師團資料）。

1938 年 7 月第 2 軍編入華中派遣軍從徐州移駐南京，武漢作戰期間指揮北路部隊，攻佔信陽、切斷平漢鐵路後南下進佔漢口。12 月 8 日從漢口調回

日本後撤銷（1940 年關東軍另成立第 2 軍，終戰時直屬南方軍，駐西里伯斯島），原轄部隊改隸第 11 軍。歷任軍司令西尾壽造、東久邇宮稔彥王（1938.4），歷任參謀長鈴木率道、町尻量基、青木重誠。

3. 第 6 軍

1939 年諾門坎邊境作戰期間 8 月 4 日在海拉爾組建，擔任戰場指揮。1945 年 1 月 25 日從海拉爾調杭州，直屬中國派遣軍，擔任浙江、福建地區作戰，轄 2 個師團、3 個獨立混成旅團。遠東戰役發起後緊急北調滿洲，終戰時中止於南京，在此繳械投降。歷任司令荻洲立兵、安井藤治（1939.11）、喜多誠一（1941.10）、石黑貞藏（1943.3）、十川次郎（1944.1），歷任參謀長藤本鐵熊、佐佐木登、森赳、井桁敬治、工藤良一。

4. 第 10 軍

1937 年 10 月 20 日為增援淞滬作戰在本土組建，軍司令柳川平助，參謀長田邊盛武，指揮第 6、18、114 師團登陸杭州灣金山衛，編入華中方面軍，擔任淞滬南線作戰。11 月 15 日擅自下令越過蘇州—嘉興限制線向南京方向追擊中國軍隊，下屬第 6、114 師團是攻佔南京城的主力，年底軍司令部進佔杭州。日軍南京暴行遭國際輿論譴責，第 10 軍於 1938 年 2 月 14 日撤銷，柳川平助預備役中將回國，解除召集。

5. 第 11 軍

1938 年 6 月 23 日在南京組建，初轄第 6、101、106 師團與波田重一支隊，隸屬華中派遣軍，武漢作戰期間指揮南路部隊，後進駐漢口。1939 年 9 月直屬中國派遣軍，規定其作戰地域為安慶（西）、信陽、岳州、南昌之間，以武漢、九江為根據地，控制長江沿線宜昌—沙市左岸、沙市以下兩岸，控制平漢鐵路與粵漢鐵路信陽—岳州段）。1944 年 8 月隸屬新設立的第 6 方面軍。第 11 軍統率日本陸軍在華中擔任進攻任務的野戰集團，自武漢作戰起，日軍在湖北、湖南、江西、廣西的作戰大多由其指揮：1939 年 2～4 月攻佔南昌、9～10 月第一次長沙作戰、1940 年 5～10 月棗宜作戰、1941 年 9 月～1942 年 1 月第二與第三次長沙作戰、1942 年 4～9 月浙贛作戰（西線）、1943 年 11～12 月常德作戰、1944 年 5～9 月長衡作戰、1944 年 9～12 月桂柳作戰（北線）。長衡作戰後期第 11 軍兵力一度達 9 個師團（第 3、13、27、34、37、40、58、68、116 師團）、5 個獨立炮兵聯隊、10 個獨立炮兵大隊。桂柳作戰期間第 11 軍司令部推進至廣西，湖南方面作戰改由第 20 軍擔任。1945 年 6

月日軍收縮華南戰線，第 11 軍僅轄 1 個師團、2 個獨立混成旅團。遠東戰役發起後接獲命令調往滿洲，8 月 14 日與中國軍隊交戰再次攻入廣西全縣，16 日從全縣退入湖南，後奉命移至九江地區繳械投降。歷任軍司令岡村寧次、園部和一郎（1940.3）、阿南惟幾（1941.4）、冢田攻（1942.7）、橫山勇（1942.12）、上月良夫（1944.11）、笠原幸雄（1945.4），歷任參謀長吉本貞一、沼田多稼藏、青木重誠、木下勇、小薗江邦雄、中山貞武、福富伴藏。

6. 第 12 軍

1938 年 12 月 7 日在華北方面軍序列組建，作戰地域山東、河南，司令部駐濟南。1944 年 7 月司令部前出河南指揮豫中作戰，移駐鄭州。1945 年 3～5 月指揮老河口作戰，終戰時轄 2 個師團、1 個獨立混成旅團、1 個騎兵旅團、4 個獨立警備隊，官兵約 7.3 萬。歷任軍司令尾高龜藏、飯田貞固（1939.9）、土橋一次（1941.3）、喜多誠一（1943.3）、內山英太郎（1944.2）、鷹森孝（1945.4），歷任參謀長小林淺三郎、本鄉義夫、山內正文、河野悅次郎、寺垣忠雄、中山源夫。

7. 第 13 軍

1939 年 9 月 4 日組建，直屬中國派遣軍駐上海，作戰地域規定為盧州、蕪湖、杭州線以東，安慶以下長江沿線（1942 年前徐州地區屬華北方面軍）。1942 年 5 月指揮浙贛作戰（東線），第 22 師團攻擊至浙贛鐵路上饒、橫峰站。1944 年 6 月為配合長衡作戰從金華攻佔衢州，9 月加強東南沿海防禦再度攻佔溫州、福州。遠東戰役前夕第 13 軍轄 6 個師團、1 個獨立混成旅團、1 個獨立步兵旅團、1 個獨立警備隊，遠東戰役發起後第 118 師團奉命北調，第 6 軍司令部及下屬第 70 師團、獨立混成第 89 旅團進入轄區。歷任軍司令西尾壽造、藤田進（1939.10）、澤田茂（1940.12）、下村定（1942.10）、永津佐比重（1944.3）、松井太久郎（1945.2），歷任參謀長櫻井省三、前田正實、唐川安夫、木下勇、佐佐真之助、山本敏、土居明夫。

8. 第 20 軍

1941 年 9 月 10 日在關東軍序列組建，1942 年 7 月編入第 1 方面軍，駐東滿。1944 年 9 月 28 日調關內，接替第 11 軍擔任湖南地區作戰，隸屬第 6 方面軍。1945 年初駐衡陽，指揮粵漢路南段作戰（北線）、芷江作戰，終戰時轄 3 個師團、4 個獨立混成旅團、1 個獨立警備隊，官兵 7 萬，日本戰敗後在長沙繳械投降，歷任軍司令關龜治、本多政材（1943.3）、坂西一良（1944.4）、

歷任參謀長名倉栞、中山貞武、川目太郎、依知川庸治。

9. 第 21 軍

1938 年 9 月 19 日為華南作戰而組建，直屬大本營，初轄第 5、18、104 師團，10 月 12 日登陸大亞灣、攻佔廣州。1939 年 9 月編入中國派遣軍，規定其作戰地域為惠州、從化、清遠、北江及三水至西江下游，潮州、汕頭地區。11 月指揮桂南作戰攻佔南寧，次年 2 月 9 日撤銷，歷任軍司令古莊幹郎、安藤利吉（1938.11），歷任參謀長田中久一、土橋勇逸、根本博。

10. 第 22 軍

1939 年桂南作戰時以第 5 師團長今村均任今村兵團長，指揮本部及近衛混成旅團、臺灣混成旅團，次年 2 月在南寧正式成立第 22 軍司令部指揮桂南地區部隊，司令久納誠一，參謀長若松只一。桂南作戰後曾策劃進入法屬印度支那，11 月 9 日撤銷。

11. 第 23 軍

原直屬大本營的華南方面軍因所轄部隊相繼調出，於 1941 年 6 月 26 日撤銷，改而在廣州組建第 23 軍，8 月第 23 軍轉為直屬中國派遣軍。太平洋戰爭初指揮攻佔香港作戰，1942 年 2 月至 1944 年 4 月設廣州市特別警備司令部（萬城目武雄），1944 年 8 月編入第 6 方面軍，前出廣西來賓指揮桂柳作戰（南線），12 月 11 日第 23 軍兼香港佔領地總督部，軍司令田中久一兼任香港佔領地總督。1945 年指揮粵漢路南段作戰（南線），3 月改為直屬中國派遣軍。終戰時轄 3 個師團、1 個獨立混成旅團、2 個獨立步兵旅團、香港防衛隊，約 9.1 萬官兵。歷任軍司令今村均、酒井隆（1941.11）、田中久一（1943.3），歷任參謀長加藤�平、栗林忠道、安達與助、鵜澤尚信、富田直亮。戰後酒井隆、田中久一被中國軍事法庭處死。

12. 第 34 軍

1944 年 4 月中國派遣軍下令在第 11 軍司令部前出湖南時成立留守軍司令部，統轄武漢及周邊地區守備部隊，或稱武漢防衛軍，7 月大本營授予該軍正式番號第 34 軍，8 月 26 日隸屬新組建的第 6 方面軍，轄 1 個師團、1 個獨立混成旅團、4 個獨立步兵旅團、3 個野戰補充隊。老河口作戰時曾派第 39 師團部隊從荊門進擊襄陽方向牽制。1945 年 6 月 18 日司令部調關東軍序列、部隊代號從「呂武」改為「展」，進駐咸興指揮北部朝鮮部隊。歷任軍司令佐

野忠義、櫛淵鍹一（1945.1），歷任參謀長鏑木正隆、川目太郎。

13. 第 43 軍

第 12 軍司令部前出河南作戰後，1945 年 3 月 10 日華北方面軍在濟南組建第 43 軍，指揮山東地區陸軍部隊，軍司令細川忠康，歷任參謀長久保滿雄、寒川吉溢。終戰時轄 1 個師團、1 個獨立混成旅團、1 個獨立步兵旅團、3 個獨立警備隊，計 7 萬人。

14. 上海派遣軍

1937 年 8 月 15 日本土組建，即率領第 3、11 師團登陸吳淞投入淞滬作戰，11 月 7 日隸屬新成立的華中方面軍，12 月所部第 9、16 師團參加攻佔南京。次年 2 月 14 日撤銷，歷任軍司令松井石根、朝香宮鳩彥王（1937.12），參謀長飯沼守。

15. 蒙疆駐屯軍

1937 年 7 月 11 日關東軍奉命派出獨立混成第 1、11 旅團以及混成第 2、15 旅團侵入關內，受中國駐屯軍司令指揮。關東軍一再請求直接參加察哈爾、綏遠作戰，企圖擴大其地盤。8 月 9 日參謀本部批准關東軍直接參戰，8 月 14 日關東軍以察哈爾派遣兵團名義指揮先期侵入關內的獨立混成第 1 旅團，混成第 2、15 旅團及 2 個支隊，兵團實際主持者先後是關東軍參謀長東條英機、參謀副長笠原幸雄。8 月 14 日出臺的關東軍《對時局處理綱要》表明關東軍的野心已擴大到對整個華北的覬覦，但陸軍中央強調關東軍應回歸對蘇作戰的本位。1937 年 10 月 13 日察哈爾派遣兵團被撤銷，部隊由關東軍新任第 26 師團長後宮淳指揮完成攻佔歸綏、包頭。此時關東軍已在佔領地區扶植成立了察南自治政府、晉北自治政府、蒙古聯盟自治政府 3 個傀儡政權。大本營為打消關東軍擴張察綏的念頭，12 月下令在張家口組建駐蒙兵團（蓮沼蕃），直屬大本營，轄第 26 師團等部隊。1938 年 1 月 4 日頒發《大陸命第 39 號》，強調關東軍作戰地域是東三省、熱河省，駐蒙兵團與華北方面軍以內長城為界。關東軍於 1937 年 11 月將 3 個傀儡政權合組為「蒙疆聯合自治委員會」，金井章次（曾任溥儀政權奉天省總務廳長、濱江省總務廳長、間島省省長）任最高顧問並代理總務委員長，以秘密換文方式確認「蒙疆聯合自治委員會」聽命於關東軍司令。這一狀況再為日本內閣、大本營所否決，下令「蒙疆聯合自治委員會」由駐蒙兵團指導。1938 年 7 月 4 日又將駐蒙兵團改制為蒙疆駐屯軍（駐蒙軍），編入華北方面軍序列。駐蒙軍作戰地域為察哈爾、綏遠與

內長城以北的山西，管制「蒙疆聯合自治委員會」。1939 年 9 月駐蒙軍操縱將察南自治政府、晉北自治政府、蒙古聯盟自治政府合併，在張家口建立偽蒙疆自治聯合政府。駐蒙軍歷任軍司令蓮沼蕃、杉山元（1939.8 兼）、岡部直三郎（1939.9）、山脅正隆（1940.9）、甘粕重太郎（1941.1）、七田一郎（1942.3）、上月良夫（1943.5）、根本博（1944.11），歷任參謀長石本寅三、田中新一、高橋茂壽慶、稻村豊二郎、矢野政雄、中川留雄。日本宣布投降後駐蒙軍司令部及下屬獨立混成第 2 旅團自張家口撤至北平地區，下屬第 4 獨立警備隊駐大同。

第 5 章　中國關內戰場日本陸軍地面部隊沿革

　　1937 年 7 月 11 日，近衛文麿內閣批准對中國關內用兵，參謀本部當日令關東軍獨立混成第 1、11 旅團向北平地區出動，令朝鮮軍第 20 師團開赴山海關天津沿線，全面侵華戰爭爆發。至 1945 年 8 月 15 日，日本陸軍相繼投入中國關內戰場地面部隊計有 62 個師團、37 個獨立混成旅團、14 個獨立步兵旅團、2 個騎兵旅團、13 個獨立警備隊、8 個野戰補充隊、4 個野戰重炮兵旅團，戰車第 3 師團，近衛混成旅團，關東軍混成第 2、3、13、15 旅團。

七七事變前夕的日本陸軍

　　七七事變前夕陸軍師團執行平時編制，挽馬制師團 11858 人、馱馬制師團 11715 人，陸軍總兵力計 25 萬，部隊組織及分布情況是：

　　（1）本土：近衛師團，第 3、5～11、14、16 師團，騎兵第 2 旅團，野戰重炮兵第 1～4 旅團，航空兵團，東京灣、由良、函館、長崎、對馬、下關、壹歧、舞鶴要塞。

　　（2）關東軍（長春）：第 1、2、4、12 師團，獨立混成第 1、11 旅團，騎兵集團（騎兵第 1、4 旅團），騎兵第 3 旅團，第 1～5 獨立守備隊，關東軍飛行集團，旅順要塞。

　　（3）朝鮮軍（漢城）：第 19、20 師團，鎮海灣、羅津、（元山）永興灣要塞。

　　（4）臺灣軍（臺北）：臺灣守備隊，基隆、澎湖島、高雄要塞（8 月成立）。

（5）中國駐屯軍（天津）：中國駐屯步兵旅團。

（6）航空兵團：第1、2、3飛行群（分駐本土、朝鮮、臺灣，飛行群即飛行團／Flying Brigade）轄14個飛行聯隊，22個戰鬥機中隊、6個輕爆擊機中隊、8個重爆擊機中隊、15個偵察機中隊等，近千架作戰飛機。

圖5 1943年9月日軍中國派遣軍各軍作戰地域與兵力分布。另：廈門、海南島大部為日本海軍佔領，滇西為日本緬甸方面軍佔領。

中國關內戰場日本陸軍地面部隊異動年度統計

1937 年

調入——第 20、5、6、10、14、16、108、109、3、11、9、13、101、18、114 師團，獨立混成第 1、11 旅團，野戰重炮兵第 1、2、5、6 旅團，關東軍第 1 師團混成第 2 旅團、第 2 師團混成第 15 旅團。

組建——第 26 師團，原中國駐屯軍步兵旅團改編為中國駐屯混成旅團。

撤銷——獨立混成第 1 旅團回歸關東軍，獨立混成第 11 旅團擴編為第 26 師團，關東軍混成第 2、15 旅團華北作戰後歸建。

年終兵力——第 3、5、6、9、10、11、13、14、16、18、20、26、101、108、109、114 師團（共 16 個），中國駐屯混成旅團，野戰重炮兵第 1、2、5、6 旅團。

1938 年

調入——第 106、110、116、15、17、21、22、104 師團，騎兵第 1、4 旅團，關東軍第 2 師團混成第 3 旅團、第 7 師團混成第 13 旅團。

組建——中國駐屯混成旅團 2 月改編為中國駐屯兵團，6 月再改編為第 27 師團；獨立混成第 2～5 旅團。

撤銷——第 11 師團回國，關東軍混成第 3、13 旅團徐州作戰後歸建。

年終兵力——第 3、5、6、9、10、13、14、15、16、17、18、20、21、22、26、27、101、104、106、110、108、109、114、116 師團（共 24 個），獨立混成第 2～5 旅團，騎兵第 1、4 旅團，野戰重炮兵第 1、2、5、6 旅團。

1939 年

調入——第 32～41 師團，本土近衛師團編成近衛混成旅團，1937 年 9 月臺灣軍出動臺灣守備隊參戰，先後稱重藤支隊、波田支隊、飯田支隊，本年 1 月正式組建為臺灣混成旅團。

組建——獨立混成第 1、6～18 旅團（獨立混成第 1、11 旅團番號二次使用）。

撤銷——第 10、16、109、9、101、114 師團與野戰重炮兵第 1、5 旅團回國，第 14 師團調東北增援諾門罕後回國，第 20 師團回朝鮮。

年終兵力——第 3、5、6、13、15、17、18、21、22、26、27、32～41、104、106、108、110、116 師團（共 26 個）；獨立混成第 1～18 旅團，臺灣混成旅團，近衛混成旅團，騎兵第 1、4 旅團，野戰重炮兵第 2、6 旅團。

1940 年

調入——第 4 師團、近衛師團。

組建——第 48 師團，獨立混成第 19、20 旅團。

撤銷——第 106、108 師團與近衛混成旅團回國，臺灣混成旅團、野戰重炮兵第 6 旅團撤銷。

年終兵力——近衛師團，第 3、4、5、6、13、15、17、18、21、22、26、27、32～41、48、104、110、116 師團（共 27 個），獨立混成第 1～20 旅團，騎兵第 1、4 旅團，野戰重炮兵第 2 旅團。

1941 年

調入——第 51 師團。

撤銷——近衛師團、第 5、18、21、33、48 師團調南方軍，第 4 師團集結上海直屬大本營，野戰重炮兵第 2 旅團撤銷。

年終兵力——第 3、6、13、15、17、22、26、27、32、34～41、51、104、110、116 師團（共 21 個），獨立混成第 1～20 旅團，騎兵第 1、4 旅團。

1942 年

組建——第 58、59、60、68、69、70 師團，獨立混成第 22 旅團，騎兵第 1 旅團擴編改制為戰車第 3 師團。

撤銷——第 38 師團調南方軍，第 6 師團調所羅門群島，第 41、51 師團調新幾內亞島。

獨立混成第 10、11、14、16、18、20 旅團擴編為師團，騎兵第 4 旅團。

年終兵力——第 3、13、15、17、22、26、27、32、34～37、39、40、58、59、60、68、69、70、104、110、116 師團（共 23 個），獨立混成第 1～9、12、13、15、17、19、22 旅團，戰車第 3 師團，騎兵第 4 旅團

1943 年

調入——第 61 師團。

組建——第 62～65 師團，獨立混成第 23 旅團。

撤銷——第 15 師團調緬甸，第 17 師團調新不列顛島，第 36 師團調澳北，獨立混成第 4、6、12、13、15 旅團擴編為師團。

年終兵力——第 3、13、22、26、27、32、34、35、37、39、40、58～65、68、69、70、104、110、116 師團（共 25 個），獨立混成第 1～3、5、7～9、17、19、22、23 旅團，戰車第 3 師團，騎兵第 4 旅團。

1944 年

調入——第 47 師團，第 1、2、4、5、9～12 野戰補充隊。

組建——第 114、115、117、118 師團（第 114 師團番號二次使用），獨立混成第 62 旅團，獨立步兵第 1～14 旅團。

撤銷——第 26 師團調菲律賓，第 32、35 師團調澳北，第 62 師團調沖繩島，獨立混成第 7 旅團與獨立步兵第 3、4、9 旅團擴編為師團。

年終兵力——第 3、13、22、27、34、37、39、40、47、58、59、60、61、63～65、68～70、104、110、114～118 師團（共 26 個），獨立混成第 1～3、5、8、9、17、19、22、23、62 旅團，戰車第 3 師團，騎兵第 4 旅團，獨立步兵第 1、2、5～8、10～14 旅團，第 1、2、4、5、9～12 野戰補充隊。

1945 年

組建——第 129～133、161 師團，獨立混成第 81～92 旅團，第 1～7、9～14 獨立警備隊。

撤銷——第 22、37 師團調印度支那，第 39、59、63、117 師團調關東軍，獨立混成第 19 旅團撤銷，第 1、2、4、5、9～12 野戰補充隊改編為獨立混成旅團。

日本宣布投降時中國關內戰場日本陸軍地面部隊

第 3、13、27、34、40、47、58、60、61、64、65、68～70、104、110、114 II、115、116、118、129～133、161 師團（共 26 個）；

獨立混成第 1～3、5、8、9、17、22、23、62、81～92 旅團（共 22 個）；

獨立步兵第 1、2、5～8、10～14 旅團（共 11 個）；

戰車第 3 師團；

騎兵第 4 旅團；

第 1～7、9～14 獨立警備隊（共 13 個）；

承德支隊。

合計陸軍地面部隊官兵 104 萬。

附注

1. 1940 年 9 月，第 5 師團一部進入法屬印度支那，10 月集結上海直屬大本營。1941 年 3 月參加九州島登陸演習，5 月從海上侵入寧波、台州、溫州，11 月編入南方軍第 25 軍。

2. 華北特別警備隊屬憲兵系統非作戰部隊未計入。

3. 日本戰敗前夕熱河省西部、南部被劃歸中國派遣軍作戰地域。關東軍第 108 師團主體撤至遼寧省錦縣，以步兵第 240 聯隊為基幹編組承德支隊留置現地，改隸中國派遣軍華北方面軍。

4. 1941 年 7 月日本陸軍取消炮兵旅團建制，此後軍屬炮兵建制單位是獨立的炮兵聯隊、炮兵大隊。終戰時中國派遣軍序列有野戰重炮兵第 6、14、15 聯隊，獨立野炮兵第 2 聯隊，獨立山炮兵第 2、5 聯隊，以及 24 個獨立炮兵大隊。

　　戰爭期間上述日軍地面部隊蹂躪中國關內察哈爾、綏遠、河北、山西、山東、河南、江蘇、安徽、浙江、江西、福建、廣東、廣西、湖南、湖北、貴州 16 省，察冀魯蘇 4 省所有縣城曾被日軍佔領，除貴州省外 15 個省會城市以及北平、天津、上海、南京、青島 5 個院轄市陷於敵手。

　　侵入雲南省的日軍屬南方軍序列。1942 年 5 月南方軍第 15 軍第 56 師團攻佔畹町至怒江西岸，其步兵第 113 聯隊駐防松山、龍陵，步兵第 148 聯隊駐防騰沖。1944 年 4 月第 56 師團隸屬緬甸方面軍第 33 軍。1944 年 5 月中國軍隊反攻滇西，日軍又有第 2、18、49、53 師團各一部投入，次年 1 月日軍潰敗退回緬甸境內。

　　日本陸軍在中國關內戰場地面兵力 1940 年終最強，1941 年終最弱，這正是太平洋戰爭的影響。到 1944 年終日軍地面部隊數量回升，但兵源質量下降。

第 6 章 日本陸軍師團規制

日本陸軍草創時傚仿法國、德國軍制，部隊組織關係基本同於歐美各國：

師團 Division—旅團 Brigade—聯隊 Regiment—大隊 Battalion—中隊 Company—小隊 Platoon—分隊 Squad。

對應中文的師—旅—團—營—連—排—班，但中文文獻直接使用日文漢字，避免了翻譯帶來的差異，而且視覺效果很好。

第一級實體部隊「師團」是基本戰術單位，人數多達 2.6 萬。最低一級「分隊」人數 10 至 13 人。

1937 年 9 月新組建師團不設步兵旅團、轄三個步兵聯隊。1939 年 10 月始，執行常設師團、特設師團減少一個步兵聯隊，撤銷步兵旅團司令部，至 1942 年 12 月全部改造完成。1942 年 2 月又組建新型兩旅團制師團、不設步兵聯隊。經此整理，師團人數降至 1.3 萬至 2.3 萬，部隊組織關係變成：

師團 Division—聯隊 Regiment 或旅團 Brigade—大隊 Battalion—中隊 Company—小隊 Platoon—分隊 Squad。

師團以上的指揮機關是：

總軍 General Headquarters—方面軍 Area army—軍 Army。

日本陸軍師團肇始

1871 年 8 月日本設立東京鎮臺、大阪鎮臺、鎮西鎮臺、東北鎮臺時，下屬部隊是 18 個步兵大隊。1873 年 1 月整理為東京、東北、名古屋、大阪、廣島、熊本六鎮臺與軍管區體制，平時官兵 31680，分步、騎、炮、工、輜五兵種。1874 年 12 月始組建步兵第 1～3 聯隊，步兵聯隊為全陸軍統一編號的基

本單元，步兵聯隊旗由天皇授予。戰時約有 484 個步兵聯隊，有 10 餘個聯隊因戰敗覆沒而撤銷番號。1885 年始鎮臺之下有步兵旅團建制，轄 2 個步兵聯隊。

　　1885 年（明治 18 年）初，陸軍卿兼參謀本部長大山巖率領的歐美考察團歸國，5 月 21 日考察團成員川上操六、桂太郎進入陸軍中央，分別出任參謀本部次長、陸軍省總務局長，攜手開啟陸軍兵制與軍備改革。1886 年 3 月桂太郎升任陸軍省第一任次官（此時川上操六離開參謀本部，1889 年 3 月再回到參謀本部任次長，1898 年升參謀總長，次年死於任上），大山巖為陸軍大臣，有棲川宮熾仁親王任參謀本部長。桂太郎任職期間繼續推動陸軍的改革，日本陸軍從效法法國軍制轉向效法德國軍制。1888 年廢除有治安色彩的東京、東北（仙臺）、名古屋、大阪、廣島、熊本六鎮臺，改設第 1～6 師團，是日本陸軍師團歷史之肇始，由此延續到日本戰敗投降。日本陸軍地面部隊形成師團─旅團─聯隊─大隊─中隊─小隊─分隊的組織層次，擁有騎兵、炮兵、工兵、輜重兵特科部隊編組的結構。桂太郎將師團定位為遂行對外征戰的戰略單位，稱「不能不認為後來可以進行大陸作戰的基礎是在這時奠定的」。二戰期間日本陸軍有 173 個師團番號，其中有 50 個師團組建很遲且從未離開本土，123 個侵略師團因其相對穩定的結構與編制、清晰的沿革而成為二戰作戰行動的重要標識，極具研究參考價值（二戰期間美軍地面部隊也只有 88 個陸軍師、6 個海軍陸戰師）。桂太郎於 1898～1900 年任陸軍大臣，作為陸軍改革先驅又在明治、大正時代三次組閣（據說是日本內閣史上累計任職時間最長首相），任內發生日英結盟（1902 年）、日俄戰爭（1904～1905 年）、日韓合併（1910 年）等重大事件。但桂太郎的帶兵、作戰經歷只有第 3 師團長（甲午戰爭時），其後短暫任臺灣總督、東京防禦都督，因而無緣獲元帥稱號。

　　陸軍師團名義上直屬天皇，師團長由天皇任命，授予日本陸軍第 2 級軍銜──中將。1888 年頒發的《師團司令部條例》規定師團司令部定額 35 人，其參謀部有大佐參謀長、中（少）佐參謀、大尉參謀各 1 人。戰時師團司令部編制擴大，1942 年動員計劃令規定師團司令部編制 300 人。

　　繼第 1～6 師團之後，1891 年編成近衛師團，甲午戰爭期間臨時組建的第 7 師團於 1896 年正式列編，1898 年 10 月對俄國軍備編成第 8～12 師團，1905 年日俄戰爭期間編成第 13～16 師團，1907 年編成第 17、18 師團，1915 年編成朝鮮殖民地第 19、20 師團。至此，日本陸軍有 21 個師團：近衛師團，

第 1～20 師團；42 個步兵旅團：近衛步兵第 1、2 旅團，步兵第 1～40 旅團；
84 個步兵聯隊：近衛步兵第 1～4 聯隊，步兵第 1～80 聯隊。師團組建過程中
以新老步兵聯隊交叉配置，因此師團下屬步兵聯隊常有變動。例如首批組建
第 1～6 師團下轄步兵第 1～24 聯隊，而日俄戰爭期間第 6 師團下轄步兵第
13、23、45、48 聯隊，其中包括 1898 年組建的步兵第 45、48 聯隊，1925 年
第 6 師團轄步兵第 13、23、45、64 聯隊，「宇垣裁軍」後第 6 師團轄步兵第
13、23、45、47 聯隊。

「宇垣裁軍」日軍師團異動與侵華特設師團

　　1925 年（大正 14 年）5 月 1 日陸軍大臣宇垣一成主持執行「大正軍縮」
計劃第 3 輪，史稱「宇垣裁軍」，陸軍裁撤 4 個師團、8 個步兵旅團、16 個步
兵聯隊：第 13、15、17、18 師團，步兵第 17、20、23、25、26、31、34、35
旅團，步兵第 51～56、58、60、62、64～67、69、71、72 聯隊。部分師團下
屬步兵旅團、步兵聯隊隸屬關係因此而調整，涉及 15 個師團及下級部隊大調
整（近衛師團，第 1、4、7、19、20 師團 6 個師團未調整）。

　　1. 撤銷第 13、15、17、18 師團。

　　2. 撤銷 8 個步兵旅團——步兵第 17、20、23、25、26、31、34、35 旅
團，6 個步兵旅團變更隸屬：

　　第 13 師團第 26 旅團撤銷、第 15 旅團編入第 2 師團，

　　第 15 師團第 17 旅團撤銷、第 29 旅團編入第 3 師團，

　　第 17 師團第 34 旅團撤銷、第 33 旅團編入第 10 師團，

　　第 18 師團第 23 旅團撤銷、第 24 旅團編入第 12 師團，

　　第 2 師團第 25 旅團撤銷，

　　第 9 師團第 31 旅團撤銷，

　　第 10 師團第 20 旅團撤銷，

　　第 12 師團第 35 旅團撤銷，

　　第 3 師團第 30 旅團編入第 16 師團，

　　第 16 師團第 18 旅團編入第 9 師團。

　　3. 撤銷步兵第 51～56、58、60、62、64～67、69、71、72 聯隊 16 個步
兵聯隊：

　　保留師團的下屬步兵聯隊——撤銷第 2 師團第 3 旅團第 65 聯隊、第 3

師團第 30 旅團第 51 聯隊、第 5 師團第 21 旅團第 71 聯隊、第 6 師團第 36 旅團第 64 聯隊、第 8 師團第 16 旅團第 52 聯隊、第 9 師團第 31 旅團第 69 聯隊、第 11 師團第 10 旅團第 62 聯隊、第 12 師團第 12 旅團第 72 聯隊、第 14 師團第 28 旅團第 66 聯隊、第 16 師團第 19 旅團第 53 聯隊計 10 個步兵聯隊。

撤銷師團的下屬步兵聯隊——撤銷第 13 師團第 26 旅團第 58 聯隊、第 15 師團第 17 旅團第 60 聯隊、第 15 師團第 29 旅團第 67 聯隊、第 17 師團第 33 旅團第 54 聯隊、第 18 師團第 23 旅團第 55 聯隊、第 18 師團第 24 旅團第 56 聯隊 6 個步兵聯隊。

第 13、15、17、18 師團保留的 10 個步兵聯隊去向：第 13 師團第 16、30 聯隊編入第 2 師團（第 17 聯隊調第 8 師團），第 50 聯隊編入第 14 師團；第 15 師團第 18、34 聯隊編入第 3 師團（第 7 聯隊調第 9 師團）；第 17 師團第 21、41 聯隊編入第 5 師團（第 12 聯隊調第 11 師團），第 63 聯隊編入第 10 師團（第 20 聯隊調第 16 師團）；第 18 師團第 46、48 師團編入第 12 師團（第 47 聯隊調第 6 師團）。

表 6-1　宇垣裁軍後 17 個常設師團及下級部隊（附：宇垣裁軍前師團步兵旅團與步兵聯隊）

師團	步兵旅團	步兵聯隊 R	炮兵聯隊	騎兵聯隊	改三聯隊制抽出聯隊去向	附：宇垣裁軍前師團步兵旅團與步兵聯隊
1	1、2	1、49／3、57	野 1	騎 1	3R 編入 28D	1-1、49／2-3、57
2	3、15	4、29／16、30	野 2	騎 2	30R 編入 28D	3-4、29／25-17、65
3	5、29	6、68／18、34	野 3	騎 3	18R 編入 29D	5-6、68／30-7、51
4	7、32	8、70／37、61	野 4	騎 4	70R 編入 25D	7-8、70／32-37、61
5	9、21	11、41／21、42	野 5	騎 5	41R 編入 30D	9-11、42／21-12、71

6	11、36	13、47／23、45	野 6	騎 6	47R 編入 48D	11-13、<u>64</u>／36-23、45
7	13、14	25、26／27、28	野 7	騎 7	25R 編入 88D	13-25、26／14-27、28
8	4、16	5、31／17、32	野 8	騎 8	32R 編入 24D	4-5、31／16-32、<u>52</u>
9	6、18	7、35／19、36	山 9	騎 9	36R 編入 28D	6-19、36／<u>31</u>-35、<u>69</u>
10	8、33	39、40／10、63	野 10	騎 10	40R 編入 25D	8-39、40／<u>20</u>-10、20
11	10、22	12、22／43、44	山 11	騎 11	22R 編入 24D	10-22、<u>62</u>／22-43、44
12	12、24	14、24／46、48	野 24	騎 12	14R 編入 25D	12-14、<u>72</u>／<u>35</u>-24、47
14	27、28	2、59／15、50	野 20	騎 18	50R 編入 29D	27-2、59／28-15、<u>66</u>
16	19、30	9、20／33、38	野 22	騎 20	38R 編入 29D	19-9、<u>53</u>／18-33、38
19	37、38	73、74／75、76	山 25	騎 27	74R 編入 30D	37-73、74／38-75、76
20	39、40	77、78／79、80	野 26	騎 28	77R 編入 30D	39-77、78／40-79、80
近衛	近衛1、2	近衛1、2／3、4	近衛野炮兵聯隊	近衛騎兵聯隊	近衛 2D-3～5R，近衛 1D／3D-1、2、6、7R／8～10R	近衛1-近衛1、2／近衛2-近衛3、4
（13）						15-16、30／<u>26</u>-50、<u>58</u>
（15）						<u>17</u>-18、<u>60</u>／29-34、<u>67</u>
（17）						33-41、<u>54</u>／<u>34</u>-21、63
（18）						<u>23</u>-46、<u>55</u>／24-48、<u>56</u>

注：1940 年除第 3、6、11、20 師團外各騎兵聯隊改為搜索聯隊，第 9、12 師團搜索聯隊再降為搜索隊，第 14 師團搜索聯隊撤消、改設戰車隊。

注：下劃線表示撤銷旅團、聯隊。

全面侵華戰爭始陸軍新組建師團，宇垣裁軍時撤銷的師團番號恢復使用，由常設師團留守人員組建。撤銷的步兵第 23、25、26、31、35 旅團與步兵第52、55、56、58、65、66、69 聯隊番號在特設師團第 13、18、108、109、114師團使用，步兵第 51、53、54、60、62、64、67、71、72 聯隊番號在首批三聯隊師團第 15、17、21、23 師團使用。步兵第 17、34 旅團番號原屬宇垣裁軍前的第 15、17 師團，因新的第 15、17 師團執行三聯隊制而無法恢復。步兵第 20 旅團番號原屬宇垣裁軍前的第 10 師團，本可以在第 110 師團恢復使用實際未實施。

表 6-2　特設師團及步兵旅團番號由來：恢復宇垣裁軍撤銷番號或在母體師團番號前添加「1」

特設師團 D—步兵旅團 B 番號	來　源	母體師團—步兵旅團番號對照	宇垣裁軍前的師團—步兵旅團番號
13D-26、103B	留守 2D	2D-3、15B	宇垣裁軍前 26B 隸屬 13D
18D-23、35B	留守 12D	12D-12、24B	宇垣裁軍前 23、35B 分別隸屬 18、12D
101D-101、102B	留守 1D	1D-1、2B	
104D-107、132B	留守 4D	4D-7、32B	
106D-111、136B	留守 6D	6D-11、36B	
108D-25、104B	留守 8D	8D-4、16B	宇垣裁軍前 25B 隸屬 2D
109D-31、118B	留守 9D	9D-6、18B	宇垣裁軍前 31B 隸屬 9D
110D-108、133B	留守 10D	10D-8、33B	
114D-127、128B	留守 14D	14D-27、28B	
116D-119、130B	留守 16D	16D-19、30B	

特設師團步兵聯隊番號由來是：恢復宇垣裁軍撤銷聯隊番號或在母體師團聯隊番號前添加「1」。第 15 師團由第 3 師團留守人員組建，步兵聯隊番號由來是：恢復宇垣裁軍第 3 師團撤銷的第 51 聯隊，恢復第 15 師團撤銷的第60、67 聯隊。第 17 師團由第 10 師團留守人員組建，步兵聯隊番號由來是：恢復宇垣裁軍第 16 師團撤銷的第 53 聯隊，恢復第 17 師團撤銷的第 54 聯隊，

以及新建第 81 聯隊。

表 6-3　侵華特設師團及下級部隊，改三聯隊制抽出步兵聯隊去向

師團	步兵旅團	步兵聯隊	炮兵聯隊	騎兵大隊	改三聯隊制情況
13	26、103	58、116／65、104	山 19	騎 17	58R 編入 31D
18	23、35	55、56／114、124	野 12／山 18	騎 22	124R 編入 31D
101	101、102	101、149／103、157	野 101	騎 101	撤銷，101、149、157R 編入 61D
104	107、132	108、170／137、161	野 104	騎 104	170R 編入 21MBs
106	111、136	113、147／123、145	野 106	騎 106	撤銷，123、145、147R 編入 46D 113R 編入 56D
108	25、104	117、132／52、105	野 108	騎 108	撤銷，105R 編入 47D 52、117、132R 編入 57D
109	31、118	69、107／119、136	山 109	騎 109	撤銷，69、107R 編入 52D，119R 編入 53D，136R 編入 43D
110	108、133	139、140／110、163	野 110 1944 年撤銷	騎 110	140R 編入 71D
114	127、128	66、102／115、150	野 120	騎 118	撤銷，150R 編入 52D 66、102、115R 編入 51D
116	119、130	109、120／133、138	野 122	騎 120	138R 編入 31D

注 1：17 個常設師團、5 個特設師團改制抽出 22 個步兵聯隊，5 個特設師團撤銷存 20 個步兵聯隊。其中 40 個步兵聯隊編入新的師團，步兵第 170 聯隊參與組建獨立混成第 21 旅團，步兵第 103 聯隊不知所終。

注 2：1940 年始，各師團騎兵大隊相繼降為騎兵隊或搜索隊。

二戰日軍師團編制沿革

　　1936 年陸軍省發布的常設師團編制結構如表 6-4。編制人數 2.3～2.8 萬，七七事變前實際執行平時編制，即挽馬制師團 11858 人、駄馬制師團 11715 人。

表 6-4　日本陸軍常設師團編制結構（1936 年改定）

師　團	步兵旅團	步兵聯隊	步兵大隊	步兵中隊
師團司令部 步兵旅團×2 騎兵聯隊（騎兵中隊×4） 炮兵聯隊（炮兵大隊×3） 工兵聯隊（工兵中隊×3） 輜重兵聯隊（挽馬、駄馬、汽車中隊） 師團通信隊、兵器勤務隊、衛生隊、野戰病院、制毒隊、防疫給水部	旅團司令部 步兵聯隊×2	步兵大隊×3 聯隊炮中隊 步兵炮或速射炮中隊 通信中隊	步兵中隊×3 步兵炮小隊（70 毫米步兵炮 2） 機關槍中隊（重機關槍 8）	步兵小隊×4 步兵小隊轄 3 個輕機槍分隊（輕機關槍 1、步槍 11）、1 個擲彈筒分隊（擲彈筒 3、步槍 9）

注：舊制步兵小隊轄 3 個步槍分隊、2 個機槍分隊（輕機槍 1、擲彈筒 1），各師團執行 1936 制時間不一。

　　1937 年 8 月始新編侵華特設師團，與常設師團的主要區別是：兵源較差（現役人員比例從 40%降至 10～15%），騎兵聯隊改為騎兵大隊，炮兵聯隊、工兵聯隊、輜重兵聯隊編制約減少四分之一。

　　1937 年 9 月始新編三聯隊制第 26 師團，至終戰時有 21 個三聯隊制師團先後投入侵華戰場（表 6-7）。

　　1937 年 10 月三聯隊制師團首設步兵群（「步兵団／Infantry Group」）司令部，先後達 58 個，1942 年《動員計劃令》規定步兵群司令部編制 100 人。步兵群並非一級部隊組織而是師團司令部的一個部門，步兵群長少將軍銜，實即師團的步兵指揮官。實際證明設置步兵群乃多此一舉——師團長怎麼可能不直接掌握步兵聯隊呢？戰爭後期步兵群司令部相繼撤銷或轉用，至終戰時保留步兵群司令部僅有所羅門第 6 師團，東部新幾內亞第 20、41、51 師團，緬甸第 54 師團，法屬印度支那第 55 師團，馬來半島第 94 師團。由於

師團長必須是中將，致使步兵群撤銷後師團長與其部屬聯隊長軍銜至少相差兩級。

1939 年 10 月四聯隊師團相繼改為三聯隊制——抽出一個步兵聯隊、一個旅團司令部撤銷、一個改為師團步兵群司令部。改制從關東軍第 8、11 師團開始施行，至 1942 年 12 月南方軍第 5 師團、駐湖北第 13 師團全部完成（抽出步兵聯隊及參與組建新部隊匯總見於表 6-1、6-2）。

1942 年 2 月始在侵華戰場新編兩旅團制師團 20 個，師團轄兩旅團 8 個獨立步兵大隊（表 6-8）。

表 6-5　1942 年底至終戰日本陸軍師團編制結構：三聯隊制師團

師　團	步兵群	步兵聯隊	步兵大隊
師團司令部 步兵群 騎兵聯隊／騎兵大隊／搜索聯隊／搜索隊 炮兵聯隊（炮兵大隊×2 或 3） 工兵聯隊 輜重兵聯隊 師團通信隊、兵器勤務隊、衛生隊、野戰病院、制毒隊、防疫給水部	步兵群司令部（終戰時除第 6、20、41、51、54、55、94 師團外，步兵群司令部撤銷） 步兵聯隊×3	步兵大隊×3 聯隊炮中隊 步兵炮中隊	步兵中隊×4 大隊炮小隊 機槍中隊

表 6-6　1942 年底至終戰日本陸軍師團編制結構：兩旅團制師團

師　團	步兵旅團	獨立步兵大隊
師團司令部 步兵旅團×2 師團炮兵隊 師團工兵隊 師團輜重兵隊 師團通信隊、兵器勤務隊、衛生隊、野戰病院、制毒隊、防疫給水部	旅團司令部 獨立步兵大隊×4	步兵中隊×4 機槍中隊 （不設炮兵隊的師團其獨立步兵大隊設步兵炮中隊或小隊）

表 6-7　日軍中國派遣軍序列新編 21 個三聯隊制師團下轄步兵聯隊、
搜索部隊、炮兵聯隊

師　團	步兵聯隊	搜索部隊	炮兵聯隊	說　明
15	51、60、67	搜索隊	野 21	1939 年始搜索隊改戰車隊—裝甲兵中隊
17	53、54、81	搜索隊	野 23	
21	62、82、83	搜索隊	山 51	
22	84、85、86	搜索隊	山 52	
26	獨步 11、12、13	搜索隊	獨野 11	
27	中國駐屯步兵 1、2、3	搜索隊	山 27	
32	210～212	搜索 32 聯隊	野 32	1941 年始搜索聯隊相繼撤消，改設戰車隊—裝甲兵中隊—騎兵隊
33	213～215	搜索 33 聯隊	山 33	
34	216～218	搜索 34 聯隊	野 34 後降炮兵隊、再取消	
35	219～221	搜索 35 聯隊	野 35／獨山 4 聯隊	
36	222～224	搜索 36 聯隊	山 36	
37	225～227	搜索 37 聯隊	山 37	
38	228～230	搜索 38 聯隊	山 38	
39	231～233	搜索 39 聯隊	野 39	
40	234～236	搜索 40 聯隊	山 40 後降炮兵隊、再取消	
41	237～239	搜索 41 聯隊	山 41	
47	91、105、131	騎兵 47 聯隊	山 47	
48	47，臺灣步兵 1、2	搜索 48 聯隊	山 48	
51	66、102、115	搜索 51 聯隊	野 14	
56	113、146、148	搜索 56 聯隊	野 56	
61	101、149、157		迫擊炮隊	

表 6-8　日軍中國派遣軍序列新編 20 個兩旅團制師團下轄步兵旅團、
　　　　獨立步兵大隊、炮兵隊

師　團	步兵旅團	8 個獨立步兵大隊	炮兵隊
58	51、52	92〜95／96、106〜108	無
59	53、54	41〜44／45、109〜111	迫擊炮隊
60	55、56	46〜49／50、112〜114	炮兵隊
62	63、64	11〜14／15、21〜23	無
63	66、67	77〜79、137／24、25、80、81	迫擊炮隊
64	69、70	51〜53、131／54、55、132、133	無
65	71、72	56〜59／60、134〜136	炮兵隊
68	57、58	61〜64／65、115〜117	無
69	59、60	82〜85／86、118〜120	炮兵隊
70	61、62	102〜105／121〜124	炮兵隊
114 II	83、84	199〜202／381〜384	炮兵隊
115	85、86	26〜29／30、385〜367	迫擊炮隊
117	87、88	203〜206／388〜391	迫擊炮隊
118	89、90	223〜226／388〜391	炮兵隊
129	91、92	98、278〜280／101、588〜590	炮兵隊
130	93、94	97、99、100、277／281、620〜622	炮兵隊
131	95、96	591〜594／595〜598	炮兵隊
132	97、98	599〜602／603〜606	無
133	99、100	607〜610／611〜614	無
161	101、102	475〜477、528／478〜481	炮兵隊

　　陸軍師團司令部的組成：幕僚（參謀部、副官部）、管理部、兵器部、經
理部、軍醫部、獸醫部。

　　師團標準編制實例——第 47 師團是最後一個從本土調往侵略戰場的，
1943 年 5 月組建時編制情況如下。

師團司令部：人 90、馬 22、汽車 8，

步兵群司令部：人 7、馬 3，

步兵聯隊×3：人 3147、馬 119，

騎兵第 47 聯隊：人 304、馬 185、汽車 12，

山炮兵第 47 聯隊：人 1751、馬 1263，

工兵第 47 聯隊：人 401、馬 15、汽車 2，

輜重兵第 47 聯隊：人 507、馬 211、汽車 36，

師團通信隊：人 178、馬 30，

師團衛生隊：人 1101、馬 128，

師團第 1、2 野戰醫院：人 236×2、馬 75×2，

師團病馬廠：人 47、馬 11、汽車 2，

師團兵器勤務隊：人 121、汽車 11，

總計：人 14420、馬 2375、汽車 71。（人馬之比 6 比 1）。

各類師團編制兵員概數：常設師團 2.5 萬，特設師團 2.2～2.5 萬，常設、特設師團改三聯隊制後 1.8～2 萬，新編三聯隊師團 1.3～1.6 萬，後期兩旅團師團 1.2～1.4 萬。

師團實有人數不僅與編制有關，還受各種臨時因素影響，以下列舉 1945 年 9 月日軍投降繳械時若干師團的實際清點人數：

第 3 師團（鎮江）22335 人，第 13 師團（湖口）20177 人，第 27 師團（無錫）15600 人，第 40 師團（蕪湖）12291 人，第 58 師團（九江）11984 人，第 60 師團（蘇州）17450 人，第 61 師團（上海）14931 人，第 68 師團（衡陽）12800 人，第 69 師團（嘉定）13100 人。

留守師團

七七事變前日本陸軍 17 個常設師團，除近衛師團與常駐朝鮮的第 19、20 師團外各師團管轄對應的師團管區，番號同於師團番號。師團管區下轄 4 個聯隊區，負責本部隊徵兵檢查、召集、編組、訓練。

派往關東軍輪值的師團通常只有戰時編制的一半，師團留置本土的部分稱留守師團（Depot Division），有的也稱師團留守部。七七事變後常設師團派出參加侵略戰爭，此時所有常設師團均設留守師團。1937 年 7 月至 1938 年 6 月以 11 個師團留守人員編成了 10 個特設師團與第 15、17 師團，近衛

師團與第 5、7、11、19、20 師團留守部隊沒有參與（原計劃第 5 師團留守人員編成第 105 師團，第 11 師團留守人員編成第 111 師團，未執行。留守近衛師團始於 1940 年 6 月、留守第 5 師團始於 1937 年 8 月、留守第 7 師團始於 1934 年 3 月、留守第 19 師團始於 1938 年 8 月、留守第 20 師團始於 1937 年 7 月。1943 年 6 月以留守近衛師團為基幹在本土編成近衛第 1 師團，1944 年 3 月以留守第 7 師團為基幹在本土編成第 77 師團，1945 年在朝鮮編成的第 79、96 師團分別來自第 19、20 師團留守部隊）。留守師團司令部編制類同於師團司令部，所轄的部隊稱補充隊，如步兵某聯隊補充隊、炮兵某聯隊補充隊等。

　　1940 年 7 月將關東軍 13 個師團確定為滿洲永久駐紮師團，以本土第 51 ～57 師團作為新常設師團，留守第 8～12、14、16 師團分別改稱留守第 57、52、54、55、56、51、53 師團。

　　1945 年 4 月留守師團合併於師團管區。如 1945 年 2 月以留守第 55 師團為基幹編成第 155 師團，4 月留守第 55 師團司令部改稱善通寺師團管區司令部，6 月升格為四國軍管區。

　　1940 年 7 月近衛師團派往中國南方戰場始設置留守近衛師團，1943 年 5 月以留守近衛師團為基幹編成近衛第 1 師團。再設置留守近衛第 2 師團至 1945 年 4 月。

　　只有常設師團與新常設師團才設置留守師團，唯一的例外是 1943 年 5 月在平壤組建的第 30 師團，1944 年 4 月設置留守第 30 師團（師團長高橋多賀二預備役中將），1945 年 2 月改稱平壤師團管區。

日本陸軍 173 個師團編成沿革

　　二戰日本陸軍 173 個師團，包括七七事變前 17 個常設師團、太平洋戰爭前組建 39 個師團、1942 年始組建 117 個師團。

　　123 個師團投入海外侵略戰場，50 個師團從未調出本土三島。自九一八事變以來侵入中國大陸的有 100 個師團，其中 62 個師團投入中國關內戰場。

表 6-9　二戰日本陸軍 173 個師團編成沿革

序號	時　間	編成事由	師團番號	數目	說　明
1	七七事變前	常設	近衛、1～12、14、16、19、20	17	
2	1937.8～1938.6	侵華戰爭特設	13、18、101、104、106、108、109、110、114、116	10	101、106、114、108、109D 撤銷
3	1937.9～1938.6	首批三聯隊制	26、15、17、21、22、23、27	7	
4	1939.2 1939.6	中國關內佔領地警備、治安	32～37 38～41	10	
5	1939.10～1941.2	常設師團抽出11 個步兵聯隊組建	24、25、28、29	4	24、29D 覆沒
6	1940.7、1941.9	新常設	51～57（含撤銷師團 11 個步兵聯隊）	7	
7	1940.11	臺灣混成旅團升格	48（含常設師團 1 個抽出聯隊）	1	
8	1942.4	琿春駐屯隊與抽出聯隊組建	71（含特設師團 1 個抽出聯隊）	1	
9	1943.3	抽出聯隊組建	31	1	特設師團抽出
10	1943.5	抽出聯隊組建	30	1	常設師團抽出
11	1943.3 1943.5 1944.1	第 61，62、63、66、67、64 獨立步兵群轉正	61，42、43、46、47，49D（含撤銷師團 8 個步兵聯隊）	6	43D 覆沒，第 65 獨立步兵群改為第 65 旅團
12	1944.4～1945.2	島嶼、半島守備部隊擴編	臺灣 50、66，北方島嶼 88、89、91，馬來半島 94，菲律賓 100、102、103、105，小笠原 109 II	11	88D 含 1 個常設師團抽出步兵聯隊
13	1942.2～1943.5	中國關內 5 批組建兩旅團制	58、59、60、62、63、64、65、68、69、70、114 II、115、117、118、129～133、161	20	62D 覆沒

14	1944.5～1945.7	滿洲與朝鮮組建	79、96、107、108 II、111、112、119～128、134～139、148、149、150、160、320	27	終戰時隸屬關東軍序列
15	1943.5～1945.5	本土三島組建	1943 年：近衛 1； 1944 年：44、72、73、77、81、84、86、93、近衛 3； 1945 年 2 月：140、142～147、151～157； 4 月：201、202、205、206、209、212、214、216； 5 月：221、222、224、225、229、230、231、234、303、308、312、316、321、322、344、351、354、355	50	隸屬本土第 1、2 總軍序列，從未調出

注：1941 年 3 月在本土組建第 61～67 獨立步兵群（「独立步兵団／Independence Infantry Group」）。獨立步兵群為 3 個步兵聯隊之合組，群長少將軍銜，實為尚未成軍的裸師團。

　　概括地說，四聯隊師團戰力強於三聯隊師團、強於兩旅團制師團；以常設師團、特設師團抽出聯隊編成的師團強於其他三聯隊師團；組建早的師團強於組建遲的師團，例如同是四聯隊師團，常設師團強於特設師團，同是三聯隊師團，1941 年以前組建的強於其後組建的。

第 7 章　100 個侵華日軍師團

七七事變後侵入中國關內的 62 個師團

1. 近衛師團／近衛第 2 師團

1891 年組建近衛師團，宇垣裁軍後轄近衛步兵第 1 旅團（近衛步兵第 1、2 聯隊）、近衛步兵第 2 旅團（近衛步兵第 3、4 聯隊）及近衛野炮兵聯隊等。1939 年底以第 1 旅團組成近衛混成旅團編入華南第 21 軍參加翁源英德作戰，次年 1 月從欽州灣上陸投入南寧以北戰場。1940 年 9 月進駐北部法屬印度支那，改稱印度支那派遣軍步兵群，次年 2 月回國。此前 6 月，近衛師團司令部率近衛步兵第 3、4 聯隊及近衛野炮兵聯隊等登陸欽州灣編入第 22 軍。11 月第 22 軍撤銷，日軍退回廣東，近衛師團在中山完成摩托化改編，1941 年初增列近衛步兵第 5 聯隊（1939 年新建），7 月調入第 25 軍進駐印度支那南部，參加脅迫泰國行動，12 月參加攻佔馬來、新加坡，後駐防蘇門答臘至終戰。1943 年 6 月改稱近衛第 2 師團，近衛步兵第 5 聯隊實行海洋編制改編。九一八事變始近衛師團／近衛第 2 師團長岡本連一郎（1930.12）、鎌田彌彥（1932.2）、朝香宮鳩彥王（1933.8）、橋本虎之助（1935.12）、香月清司（1936.3）、西尾壽造（1937.3）、飯田貞固（1937.8）、飯田祥二郎（1939.9）、西村琢磨（1941.6）、武藤章（1942.4）、久野村桃代（1944.10），1940 年 12 月至 1944 年 6 月步兵群長小林隆、北條藤吉，近衛步兵第 1 旅團長松本健兒（1937.3）、松井太久郎（1938.6～1939.8），近衛步兵第 2 旅團長鈴木春松（1937.3）、十川次郎（1938.7）、李王垠（1939.8）、小林隆（1940.5～1940.12）。（注：九一八事變前部隊主官不列，下同）

2. 第 3 師團

1888 年名古屋鎮臺改建，宇垣裁軍後轄步兵第 5 旅團（步兵第 6、68 聯隊）、步兵第 29 旅團（步兵第 18、34 聯隊）及野炮兵第 3 聯隊等。1942 年 8 月撤銷步兵旅團、調出步兵第 18 聯隊，步兵第 5 旅團長塘真策任步兵群長，1943 年 8 月長嶺喜一繼任，1944 年 1 月步兵群撤銷。1928 年 8 月出兵青島、濟南，次年 4 月撤回。1934～1936 年調關東軍輪值。1937 年 8 月登陸吳淞、張華浜投入淞滬作戰，南京作戰後期以步兵第 68 聯隊支持武定門、通濟門方向。在華中派遣軍序列參加徐州作戰、武漢作戰，其後駐應山，編入第 11 軍。1939 年始參加隨棗作戰、三次長沙作戰、棗宜作戰、浙贛作戰，後駐湖北應山。1943 年始參加鄂西作戰、常德作戰、長衡作戰、桂柳作戰，擔任柳州地區警備，1944 年 11 月進佔貴州都勻。次年 4 月列為中國派遣軍直轄，從廣西經湖南北調，終戰時到達岳陽東北雲溪，後轉至鎮江繳械，經歷中日戰爭全過程。師團長川島義之（1930.11）、若山善太郎（1932.1）、岩越恒一（1935.3）、伊東政喜（1936.3）、藤田進（1937.8）、山脅正隆（1939.10）、豐島房太郎（1940.9）、高橋多賀二（1941.12）、山本三男（1943.3）、辰巳榮一（1945.3），步兵第 5 旅團長稔彥王（1930.8）、周山滿藏（1932.12）、田中靜壹（1935.8）、片山理一郎（1936.8）、上村幹男（1938.7）、片村四八（1940.3）、塘真策（1941.8～1942.8），步兵第 29 旅團長高田友助（1931.8）、安井藤治（1934.3）、苫米地四樓（1935.8）、上野勘一郎（1937.8）、大城戶三治（1939.3）、花谷正（1940.8）、石川忠夫（1941.12）、岸川健一（1942.3～1942.8）。

3. 第 4 師團

1888 年大阪鎮臺改建，宇垣裁軍後轄步兵第 7 旅團（步兵第 8、70 聯隊）、步兵第 32 旅團（步兵第 37、61 聯隊）及野炮兵第 4 聯隊等，師團長阿部信行（1930.12）、寺內壽一（1932.1）、東久邇宮稔彥王（1934.8）、建川美次（1935.12）、今井清（1936.8）、松井命（1937.3）、澤田茂（1938.7）、山下奉文（1939.9）、北野憲造（1940.7）、關原六（1942.7）、馬場正郎（1943.9）、木村松治郎（1944.12），步兵第 7 旅團長佐藤直（1931.8）、服部兵次郎（1933.8）、秦雅尚（1935.3）、伊藤知剛（1936.3）、石黑貞藏（1938.3）、古閒健（1939.8～1940.8），步兵第 32 旅團長藤田進（1932.12）、志道保亮（1934.3）、本間雅晴（1935.8）、熊谷敬一（1936.12）、佐藤要（1938.7）、杏賢一（1940.7）。1940 年 8 月撤銷步兵旅團、調出步兵第 70 聯隊，步兵第 32 旅團長杏賢一任步兵

群長，1941 年 12 月谷口吳朗、長野榮二相繼接任，1943 年 10 月步兵群撤銷。1937 年調關東軍輪值，1940 年 8 月調入第 11 軍，抽出步兵第 70 聯隊改三聯隊制。1941 年參加豫南作戰、第 2 次長沙作戰，11 月集結上海列為大本營直轄。1942 年 3 月調第 14 軍參加攻打巴丹半島，菲律賓作戰後回國，次年再調南方軍擔任蘇門答臘島警備，英帕爾作戰後調緬甸方面軍，1944 年底隨第 15 軍進入泰國至終戰。

4. 第 5 師團

1888 年廣島鎮臺改建，1894 年 7 月第 5 師團步兵第 9 旅團為基幹編成混成第 9 旅團入朝，28 日進攻牙山清軍，日本資料稱此戰為日本陸軍首次與外軍交戰，混成第 9 旅團長大島義昌 1905～1912 年任關東總督／關東都督，安倍晉三是其五代後人。1900 年 6 月出兵中國，組建清國駐屯隊駐天津，師團長山口素臣兼任司令。1911～1913 年關東都督府輪值。宇垣裁軍後轄步兵第 9 旅團（步兵第 11、41 聯隊）、步兵第 21 旅團（步兵第 21、42 聯隊）及野炮兵第 5 聯隊等，師團長寺內壽一（1930.8）、二宮治重（1932.1）、小磯國昭（1934.3）、林桂（1935.12）、板垣征四郎（1937.3）、安藤利吉（1938.5）、今村均（1938.11）、中村明人（1940.3）、松井太久郎（1940.10）、山本務（1942.5）、山田清一（1944.10）。步兵第 9 旅團長土肥原賢二（1932.4）、荻洲立兵（1933.10）、甘粕重太郎（1935.8）、國崎登（1936.8）、及川源七（1938.7）、楠本實隆（1940.4）、河村參郎（1941.10），步兵第 21 旅團長森五六（1932.4）、岩松義雄（1934.3）、吉本貞一（1936.3）、三浦敏事（1937.8）、坂本順（1937.10）、中村正雄（1939.3）、岡本鎮臣（1939.12）、杉浦英吉（1940.10）。1942 年 12 月撤銷步兵旅團、抽出步兵第 41 聯隊，步兵第 21 旅團長杉浦英吉任步兵群長，1943 年 8 月柏德繼任，1944 年 5 月步兵群撤銷。1937 年 8 月中旬第 5 師團到達天津投入南口作戰，直屬華北方面軍投入平綏路東段作戰，攻佔張家口、蔚縣等，參加平型關作戰、忻口作戰，11 月 8 日攻佔山西省會陽曲。10 月組建國崎登支隊（步兵第 41 聯隊等）參加淞滬、浦口作戰。1938 年初編入第 2 軍轉用於青島、膠濟路，3 月參加徐州作戰。10 月調華南第 21 軍，從青島出航登陸珠江口攻佔佛山、虎門，作戰結束回華北編入第 12 軍。1939 年 9 月轉隸關東軍，10 月再調第 21 軍參加桂南作戰。第 5 師團 11 月登陸欽州灣，24 日佔領南寧，12 月投入崑崙關爭奪戰，以第 5 師團長今村均指揮本部及近衛混成旅團、臺灣混成旅團，稱今村兵團，至次年 2 月在南寧正式成立第 22

軍司令部指揮桂南地區部隊。1940 年 9 月，步兵第 21 聯隊進入法屬印度支那、與法國殖民軍發生武裝衝突。第 5 師團 10 月集結上海列為大本營直轄。1941 年 3 月參加九州登陸演習，3～4 月在第 13 軍第 22 師團策應下以登陸方式侵入溫州、寧波、奉化。10 月退出浙東，編入第 25 軍在三亞集結，擔任攻佔馬來、新加坡。1942 年以河村參郎支隊（第 9 旅團司令部與步兵第 41 聯隊）增援菲律賓作戰，第 41 聯隊自此脫離第 5 師團。1943 年 1 月從馬來調第 19 軍駐防塞蘭島、卡伊群島、阿魯群島、塔寧巴爾群島，第 19 軍撤銷後隸屬第 2 軍。1945 年 8 月 2 日駐卡伊群島步兵第 11 聯隊官兵 1500 多人乘醫院船橘丸號偽裝出航塞蘭島，在班達海域被美軍 DD-581、DD-582 號驅逐艦截獲，日本宣布投降當日師團長山田清一、參謀長浜島嚴郎因承擔橘丸事件責任自殺。

5. 第 6 師團

　　1888 年熊本鎮臺改建，1923～1925 年關東軍輪值。宇垣裁軍後轄步兵第 11 旅團（步兵第 13、47 聯隊）、步兵第 36 旅團（步兵第 23、45 聯隊）及野炮兵第 6 聯隊等，師團長福田彥助（1926.3）、荒木貞夫（1929.8）、坂本政右衛門（1931.8）、香椎浩平（1934.9）、谷壽夫（1935.12）、稻葉四郎（1937.12）、町尻量基（1939.12）、神田正種（1941.4）、秋永力（1945.4）。步兵第 11 旅團長吉永吉次（1930.3）、松田國三（1932.8）、重藤千秋（1935.3）、坂井德太郎（1936.12）、今村勝次（1938.7）、池田直三（1939.10），步兵第 36 旅團長高田美明（1931.8）、吉住良輔（1933.12）、河村董（1935.12）、牛島滿（1937.3）、井上政吉（1938.12）、竹原三郎（1939.10）。1940 年 11 月撤銷步兵旅團、抽出步兵第 47 聯隊，步兵第 36 旅團長竹原三郎任步兵群長，1943 年 3 月川久保鎮馬、岩佐俊相繼接任至終戰。1928 年 4 月出兵中國青島、濟南，8 月撤出。1933 年調關東軍參加攻佔熱河，次年回國。1937 年 8 月中旬自朝鮮到達天津參加南口作戰，9 月 24 日攻佔河北省會清苑。11 月 4 日在金山衛西登陸轉隸第 10 軍投入淞滬戰場，12 月從南路攻打南京，南京暴行兇犯。1938 年隸屬第 11 軍，參加武漢作戰，10 月 26 日晚下屬佐野虎太（步兵第 23 聯隊長）支隊突破戴家山防線進入漢口城區，後擔任漢口、武昌警備。1939 年始參加南昌作戰、三次長沙作戰、鄂東南作戰，駐防岳州。1942 年 5 月組成竹原三郎支隊開往南昌參加浙贛作戰（西線），11 月離開岳州從上海開往外南洋增援瓜島，因日軍決定撤出瓜島第 6 師團進駐布干維爾島隸屬第 17 軍，1944

年 3 月反攻托羅基納作戰失敗，在澳軍圍困下退縮在布因地區。

6. 第 9 師團

1898 年組建，宇垣裁軍後轄步兵第 6 旅團（步兵第 7、35 聯隊）、步兵第 18 旅團（步兵第 19、36 聯隊）及山炮兵第 9 聯隊等，師團長植田謙吉（1930.12）、荒蒔義勝（1932.9）、外山豊造（1934.8）、山岡重厚（1935.12）、蓮沼蕃（1936.12）、吉住良輔（1937.8）、樋口季一郎（1939.12）、原守（1942.8）、田阪八十八（1945.4），步兵第 6 旅團長前原宏行（1930.8）、大串敬吉（1932.8）、渡久雄（1933.8）、小見山恭造（1934.8）、秋山義允（1937.3）、丸山政男（1938.7）、齋藤正銳（1939.3），步兵第 18 旅團長小野幸吉（1931.8）、本川省三（1933.3）、濱本喜三郎（1935.3）、山口正熙（1935.12）、井出宣時（1937.3）、青木成一（1938.7）。1940 年 3 月撤銷步兵旅團、抽出步兵第 36 聯隊，步兵第 6 旅團長齋藤正銳任步兵群長，1942 年 8 月落合松二郎繼任，1944 年 2 月步兵群撤銷。1932 年參加淞滬作戰，1936 年調關東軍輪值，1937 年 2 月回國。10 月初編入上海派遣軍登陸吳淞在蘊藻浜、大場一帶作戰，12 月沿金壇、淳化攻打南京，南京暴行兇犯。1938 年直屬華中派遣軍參加徐州作戰，7 月編入第 11 軍參加武漢作戰，後駐蒲圻擔任岳州及以北警備。1939 年 6 月回日本，次年調關東軍，1944 年 6 月調第 10 方面軍駐防沖繩，12 月改調臺灣新竹。

7. 第 10 師團

1898 年組建，1907～1909 年、1918～1920 年關東都督府輪值。宇垣裁軍後轄步兵第 8 旅團（步兵第 39、40 聯隊）、步兵第 33 旅團（步兵第 10、63 聯隊）及野炮兵第 10 聯隊等。1925～1927 年關東軍輪值，其間於 1927 年 7 月出兵青島、濟南，8 月撤回。師團長長谷川直敏（1926.3）、本莊繁（1928.2）、廣瀨壽助（1931.8）、建川美次（1934.6）、松浦淳六郎（1935.12）、磯谷廉介（1937.3）、篠塚義男（1938.6）、佐佐木到一（1939.9）、十川次郎（1941.3）、岡本保之（1944.1），步兵第 8 旅團長村井清規（1931.8）、園部和一郎（1932.8）、矢野機（1934.3）、小松原道太郎（1934.12）、長瀨武平（1936.3）、岡田資（1938.7），步兵第 33 旅團長中村馨（1932.4）、上野良熈（1934.3）、田島榮次郎（1935.12）、瀨谷啟（1938.3）、吉田弘（1939.10）。1940 年 8 月撤銷步兵旅團、抽出步兵第 40 聯隊，歷任步兵群長大場四平、千知波幸治、長勇（1944.3）、能島武繁。九一八事變後組建混成第 8 旅團攻佔吉林，1932 年組建混成第 33 旅團參加侵入熱河。1937 年 8 月自日本登陸大沽，隸屬第 2 軍，

參加津浦路北段東路作戰，12 月 27 日攻佔濟南。1938 年 1 月占兗州，擔任津浦鐵路警備，參加徐州作戰，武漢作戰北路攻佔信陽，其後調回華北方面軍。1939 年 8 月回國，1940 年調關東軍。1944 年底步兵群長能島武繁率步兵群司令部與 3 個獨立守備步兵大隊編成第 10 派遣隊派往澳北第 2 軍。1944 年 7 月師團調臺灣，年底再調呂宋島第 14 方面軍，師團主力防守通往卡加延河谷的巴里特山口，步兵第 39 聯隊防守巴丹半島，終戰時僅餘殘部數百人在碧瑤以北山區。

8. 第 11 師團

1898 年組建，1909～1911 年關東軍輪值。宇垣裁軍後轄步兵第 10 旅團（步兵第 12、22 聯隊）、步兵第 22 旅團（步兵第 43、44 聯隊）及山炮兵第 11 聯隊等。1932 年參加第一次淞滬作戰。1937 年 8 月自日本登陸川沙投入第二次淞滬作戰，隸屬上海派遣軍，下屬天谷直次郎支隊 12 月 8 日攻入江蘇省會鎮江。1938 年 1 月回國，當年再調關東軍駐防密山。1944 年 2 月重松潔率步兵群司令部並 5 個步兵大隊組成第 6 派遣隊派往關島，兵敗覆沒。1945 年 3 月師團調回本土，隸屬第 55 軍駐高知縣。師團長厚東篤太郎（1931.8）、原田敬一（1933.3）、古莊幹郎（1934.8）、田代皖一郎（1935.9）、多田駿（1936.5）、山室宗武（1937.8）、渡久雄（1938.7）、內藤正一（1939.1）、牛島滿（1939.11）、鷹森孝（1941.10）、大野廣一（1945.4），步兵第 10 旅團長稻垣孝照（1930.12）、金子因之（1932.5）、小林角太郎（1933.3）、柳下重治（1936.3）、天谷直次郎（1937.8）、田尻利雄（1938.7），步兵第 22 旅團長石坂弘毅（1929.8）、宮村俊雄（1932.8）、中村音吉（1934.8）、山口三郎（1935.8）、舞傳男（1936.8）、黑岩義勝（1937.8）。1939 年 10 月撤銷步兵旅團、抽出步兵第 22 聯隊，步兵第 10 旅團長田尻利雄任步兵群長，1941 年 3 月井桁敬治、重松潔相繼接任。

9. 第 13 師團

1905 年 4 月首建，1913～1915 年關東州輪值，宇垣裁軍撤銷。1937 年 8 月以第 2 師團留守人員重建，轄步兵第 26 旅團（步兵第 58、116 聯隊）、步兵第 103 旅團（步兵第 65、104 聯隊）及山炮兵第 19 聯隊等，10 月 1 日在吳淞口登陸投入蘊藻浜、大場一帶，12 月夾江西攻南京，其山田支隊（第 65 聯隊）攻佔棲霞山、幕府山一線。1938 年 2 月直屬華中派遣軍，攻佔蚌埠，在第 2 軍序列參加徐州作戰、武漢作戰，其後駐防黃陂，11 月接防漢口。1939 年始在第 11 軍序列參加隨棗作戰、第 1 次長沙作戰、棗宜作戰。1941 年 10

月配屬第 2 次長沙會戰攻佔宜昌期間，步兵第 104 聯隊險遭覆沒而「奉燒」聯隊旗，先後駐防沙市、當陽地區。1943 年 2 月監利—華容作戰南攻石首，5 月鄂西作戰再度出擊江南，11 月常德作戰。1944 年投入長衡作戰、桂柳作戰，擔任宜山地區警備，1944 年底進佔黔桂鐵路終點站獨山。1945 年 4 月 18 日直屬中國派遣軍，6 月從宜山開往京滬地區，終戰前夕到達湖南衡陽、零陵一線，後隨第 11 軍轉至江西湖口繳械投降。重建的第 13 師團全部歷史就是參加侵華戰爭。歷任師團長荻洲立兵（1937.9）、田中靜壹（1939.8）、內山英太郎（1940.9）、赤鹿理（1942.8）、吉田峰太郎（1945.1），步兵第 26 旅團長沼田德重(1937.9)、奈良晃(1939.3)、早淵四郎(1941.3)、宮崎繁三郎(1942.8)，步兵第 103 旅團長山田栴二（1937.11）、山本源右衛門（1938.7）、柴田夘一（1940.8）、多田保（1942.8）。1942 年 12 月撤銷步兵旅團、調出第 58 聯隊，步兵第 103 旅團長多田保任步兵群長，1944 年 1 月步兵群撤銷。

10. 第 14 師團

1905 年組建，即派往日俄遼東戰場擔任警備，1927～1929 年關東軍輪值。宇垣裁軍後轄步兵第 27 旅團（步兵第 2、59 聯隊）、步兵第 28 旅團（步兵第 15、50 聯隊）及野炮兵第 20 聯隊、騎兵第 18 聯隊等，師團長松木直亮（1929.8）、畑俊六（1933.8）、末松茂治（1935.12）、土肥原賢二（1937.3）、井關隆昌(1938.6)、喜多誠一(1940.3)、川並密（1941.10）、野田謙吾（1942.12）、井上貞衛（1943.10），步兵第 27 旅團長平松英雄（1931.8）、中牟田辰六（1933.8）、奧保夫（1935.3）、館余惣（1936.8）、豐島房太郎（1938.4）、高品彪（1940.3），步兵第 28 旅團長齋藤彌平太（1935.3）、酒井隆（1937.3）、森村經太郎（1938.7）、井上靖（1940.8）。1940 年 9 月撤銷步兵旅團、調出步兵第 50 聯隊，步兵第 27 旅團長高品彪任步兵群長，1942 年 9 月松田岩、村田孝生相繼接任，1944 年 2 月步兵群撤銷。1932 年參加淞滬作戰，後調關東軍輪值、一部參加熱河作戰，1934 年回國。1937 年 9 月自日本到達塘沽投入平漢路北段作戰，隸屬第 1 軍。1938 年改隸第 2 軍參加徐州作戰，6 月 6 日攻佔河南省會開封，後駐防新鄉地區。1939 年 8 月底從新鄉緊急調往東北準備增援諾門罕，後回國。1940 年 8 月編入關東軍駐齊齊哈爾。1944 年 4 月改海洋編制，調第 31 軍駐守帕勞群島巴伯爾圖阿普島，終戰時兼南方軍帕勞地區集團，步兵第 2 聯隊在佩利留島、第 59 聯隊第 1 大隊在安佳爾島被登陸美軍全殲。

11. 第 15 師團

1905 年 4 月首建，1921～1923 年關東軍輪值，宇垣裁軍時撤銷。1938 年 4 月 4 日在本土以第 3 師團留守人員重建，轄步兵第 51、60、67 聯隊及野炮兵第 21 聯隊等，師團長岩松義雄（1938.7）、渡邊右文（1940.3）、熊谷敬一（1940.5）、酒井直次（1941.8）、山內正文（1942.5）、柴田夘一（1944.6）、山本清衛（1945.2）、渡左近（1945.7），1938 年 7 月始步兵群長田路朝一、赤鹿理、石川浩三郎、佐藤為德，1944 年 2 月步兵群司令部改為南海第 2 守備隊司令部。第 15 師團於 1938 年 8 月到達中國，直屬華中派遣軍，接替第 3 師團擔任南京至蕪湖警備，1939 年編入新成立的第 13 軍，參加 1942 年浙贛作戰，師團長酒井直次戰死，後駐防南京。1943 年 5 月集結上海，9 月調緬甸第 15 軍，參加印度英帕爾作戰損失過半、退伊洛瓦底江。1945 年 8 月撤往泰國直屬第 18 方面軍駐北碧。

12. 第 16 師團

1905 年組建，1905～1907 年關東州輪值，1919～1921、1929～1931、1934～1936 年關東軍輪值，宇垣裁軍後轄步兵第 19 旅團（步兵第 9、20 聯隊）、步兵第 30 旅團（步兵第 33、38 聯隊）及野炮兵第 22 聯隊、騎兵第 20 聯隊等，師團長山本鶴一（1930.8）、蒲穆（1933.3）、渋谷伊之彥（1935.8）、兒玉友雄（1935.12）、中島今朝吾（1937.8）、藤江惠輔（1938.7）、石原莞爾（1939.8）、森岡皋（1941.3）、大場四平（1942.8）、牧野四郎（1944.3～1945.8.10），步兵第 19 旅團長田中稔（1931.8）、松村正員（1933.8）、藤井洋治（1935.8）、草場辰巳（1937.3）、酒井直次（1938.7）、川並密（1940.12）、木村直樹（1941.9），步兵第 30 旅團長遠藤五郎（1931.8）、佐伯清一（1934.3）、高橋為一郎（1934.4）、安岡正臣（1935.3）、淺野嘉一（1936.8）、佐佐木到一（1937.8）、篠原次郎（1938.3）、若松平治（1939.8）、田邊助友（1941.3）、加藤章（1941.9）。1941 年 10 月改制撤銷步兵旅團、調出步兵第 38 聯隊，步兵第 19 旅團長木村直樹任步兵群長，1942 年 8 月高野直滿接任。1937 年 9 月 11 日第 16 師團從日本抵達天津，參加津浦路北段西路作戰，10 月轉隸上海派遣軍登陸白茆口攻擊常熟方向，12 月作為中路沿丹陽─句容─湯山─紫金山北側至中山門、下關攻佔南京，擔任南京城警備，南京暴行元兇，「百人斬」向井敏明是步兵第 9 聯隊第 3 大隊第 3 步兵炮小隊長，野田毅是步兵第 9 聯隊第 3 大隊附。1938 年 1 月返回華北方面軍，隨第 2 軍參加徐州作戰、武漢作戰，其後駐防孝感，

編入第 11 軍序列。1939 年 4 月參加隨棗作戰，7 月調回日本。1941 年 4 月改三聯隊制，11 月編入南方軍第 14 軍參加攻佔馬尼拉及巴丹作戰，就地駐防。1943 年 9 月步兵群司令部改制為獨立混成第 33 旅團司令部（呂宋島）。1944 年移駐萊特島隸屬第 35 軍，10 月美軍登陸萊特島，第 16 師團在塔克洛班作戰損失慘重，終戰時 3 個步兵聯隊均「玉碎」，僅餘 620 人退守內陸山區，8 月 10 日師團長牧野四郎自殺，無繼任者。

13. 第 17 師團

1907 年 11 月首建，1915～1917 年關東州輪值，宇垣裁軍時撤銷。1938 年 4 月 4 日在本土以第 10 師團留守人員重建，轄步兵第 53、54、81 聯隊及野炮兵第 23 聯隊等，師團長廣野太吉（1938.7）、平林盛人（1940.8）、酒井康（1942.12），1938 年 7 月至 1944 年 7 月步兵群長鈴木春松、田中勤、原田次郎、木島裟裟雄。1938 年 7 月第 17 師團到達中國編入華中派遣軍，接替第 9 師團警備蘇錫常地區，10 月組建鈴木春松支隊編入第 11 軍參加武漢作戰。1939 年 9 月隸屬第 13 軍擔任南京、蕪湖長江沿線地區警備。1941 年 4 月調華北第 12 軍，接替第 21 師團駐防徐州地區。次年 1 月始本區劃為第 13 軍作戰地域，第 17 師團再改隸第 13 軍。1942 年 5 月組成原田次郎混成旅團參加浙贛作戰（東線）。1943 年 6 月調華北方面軍，旋改為中國派遣軍直轄，9 月從上海海運新不列顛島拉包爾，1944 年 7 月步兵群司令部與步兵第 81 聯隊組建獨立混成第 38 旅團駐布干維爾島，主力參加西部新不列顛島作戰，失敗後退縮拉包爾地區，1945 年 6 月 24 日以各類人員組建混成第 2、第 6 聯隊編入第 17 師團。

14. 第 18 師團

1907 年 11 月首建。1914 年 9 月與第 15 師團步兵第 29 旅團合編為獨立第 18 師團，登陸山東龍口，11 月 7 日攻克德軍青島要塞。第 18 師團長神尾光臣任青島守備軍司令，次年回國，宇垣裁軍撤銷。1937 年 9 月在本土以第 12 師團留守人員重建，轄步兵第 23 旅團（步兵第 55、56 聯隊）、步兵第 35 旅團（步兵第 114、124 聯隊）及野炮兵第 12 聯隊等，師團長牛島貞雄、久納誠一（1938.7）、百武晴吉（1940.2）、牟田口廉也（1941.4）、田中新一（1943.3）、中永太郎（1944.9），步兵第 23 旅團長上野龜甫（1937.9）、原守（1939.3）、佗美浩（1940.12）、相田俊二（1942.8），步兵第 35 旅團長手冢省三（1937.9）、桑名照貳（1937.12）、有村恒道（1938.12）、川口清健

（1940.12）、石川琢磨（1942.11～1943.4）。步兵群長相田俊二（1943.4～1944.9）。七七事變初編入關東軍序列，後改調第 10 軍，11 月 4 日登陸金山衛以東增援淞滬戰場，12 月 24 日攻佔杭州。1938 年 10 月調第 21 軍，從上海出航登陸大亞灣，21 日攻佔廣州。後參加桂南作戰、福州作戰。1939年 8 月撤銷野炮兵第 12 聯隊、另編入新成立的山炮兵第 18 聯隊。1941 年11 月第 35 旅團司令部與第 124 聯隊組建川口清健支隊直屬南方軍擔任荷屬東印度作戰。第 18 師團主力在第 25 軍序列參加馬來、新加坡作戰，再編入第 15 軍登陸仰光、攻佔曼德勒，後駐防緬北，一部侵入滇西。1943 年所轄騎兵第 22 聯隊撤銷。中國駐印軍 10 月發起緬北反攻，第 18 師團在胡康河谷、密支那迭遭打擊，第 114 聯隊等被全殲。1944 年 11 月步兵群司令部在毛淡棉改為獨立混成第 72 旅團司令部。1945 年初師團退往在泰緬邊境隸屬緬甸方面軍第 33 軍。

15. 第 20 師團

1915 年組建的朝鮮殖民地常設師團，駐漢城龍山，轄步兵第 39 旅團（步兵第 77、78 聯隊）、步兵第 40 旅團（步兵第 79、80 聯隊）及野炮兵第 26 聯隊、騎兵第 28 聯隊等，師團長室兼次（1930.8）、梅崎延太郎（1932.8）、三宅光治（1935.3）、川岸文三郎（1936.12）、牛島實常（1938.6）、七田一郎（1939.9）、青木重誠（1942.8）、片桐茂（1943.6）、中井增太郎（1944.4），步兵第 39 旅團長嘉村達次郎（1930.8）、勝尾信彥（1932.8）、鷲津鉛平（1934.8）、高木義人（1936.3）、關原六（1938.3）、中野英光（1940.3）、岩崎民男（1940.12）、山口信一（1941.11），步兵第 40 旅團長宮澤浩（1931.8）、長屋尚作（1933.8）、今村均（1935.3）、山下奉文（1936.3）、上月良夫（1937.8）、高橋多賀二（1938.7）、田上八郎（1940.8）。1941 年 7 月撤銷步兵旅團、調出步兵第 77 聯隊，步兵第 40 旅團長田上八郎任步兵群長，12 月始柳川真一、中井增太郎、三宅貞彥繼任。九一八事變時編組混成第 39 旅團進駐瀋陽，參加攻佔遼西。七七事變後首個對外侵略師團，7 月 11 日近衛文麿內閣決議派兵侵華，參謀本部當日令第 20 師團緊急動員，19 日從朝鮮抵達天津，28 日攻佔南苑、北平，編入第 1 軍參加平漢路北段作戰、太原作戰，駐防運城地區，1939 年 11 月調回朝鮮軍，年底調第 18 軍登陸新幾內亞島韋瓦克，作戰中損失殆盡，終戰復員時僅餘 1711 人。片桐茂於 1944 年 4 月戰死，陸士 29 期的步兵群長中井增太郎少將接任，直至終戰是資歷最淺的師團長。

16. 第 21 師團

1938 年 4 月在本土組建，轄步兵第 62、82、83 聯隊及山炮兵第 51 聯隊等，師團長鷲津鈆平、田中久一（1940.9）、三國直福（1943.3），1938 年 7 月至 1943 年 11 月步兵群長富永信政、磐井虎二郎、永野龜一郎。1938 年 8 月中旬到達中國直屬華北方面軍，從第 5 師團接防徐州地區，1939 年參加蘇州作戰，後編入第 12 軍序列，1941 年參加中條山作戰。11 月調南方軍，次年 2 月登陸海防駐防法屬印度支那。2 月底組建永野龜一郎支隊（步兵第 62 聯隊等）參加菲律賓作戰。1944 年桂柳作戰時步兵第 83 聯隊自越南諒山北上攻擊，12 月 10 日與第 11 軍第 22 師團在南寧以南綏淥會合。1945 年 3 月第 21 師團在第 38 軍序列參加對法越殖民軍作戰，後駐河內。

17. 第 22 師團

1938 年 4 月本土組建，轄步兵第 84、85、86 聯隊及山炮兵第 52 聯隊等，師團長土橋一次（1938.7）、太田勝海（1941.3）、大城戶三治（1942.3）、磯田三郎（1942.11）、平田正判（1944.1），1938 年 7 月至 1943 年 11 月步兵群長櫻井省三、松井貫一、谷津愛三郎、原田義和。當年 7 月派往第 13 軍接替第 18 師團進駐杭州，參加 1939 年冬季作戰，1941 年進佔寧波，1942 年浙贛作戰進佔金華。1943 年底步兵群司令部調出在南京改編為獨立步兵第 6 旅團司令部。1944 年 2 月師團海運廣州編入第 23 軍序列參加桂柳作戰，11 月攻佔南寧後改隸第 11 軍。1945 年 1 月調入第 38 軍對法越殖民軍作戰，8 月 4 日轉隸泰國第 18 方面軍、預定擔任防守馬來半島，終戰時步兵第 85、86 聯隊已達曼谷，第 84 聯隊在北緯 16 度以北的順化向中國軍隊投降。

18. 第 26 師團

1937 年 9 月 30 日以侵入關內的關東軍獨立混成第 11 旅團為基幹組建，即投入綏遠作戰，先後隸屬關東軍、駐蒙軍，攻佔大同、包頭，後駐防大同。日本陸軍第一個三聯隊制師團，轄獨立步兵第 11、12、13 聯隊及獨立野炮兵第 11 聯隊等，師團長後宮淳（1937.10）、黑田重德（1939.8）、矢野音三郎（1941.6）、柴山兼四郎（1942.4）、佐伯文郎（1943.4）、山縣栗花生（1944.7）、来棲猛夫（1945.2～7.17），1937 年 10 月至 1943 年 3 月步兵群長黑田重德、安達二十三、小田健作、小薗江邦雄、諫山春樹。1942 年 5 月獨立步兵第 13 聯隊與第 37 師團步兵第 226 聯隊組成小薗江混成旅團（小薗江邦雄任旅團長）參加浙贛作戰，攻佔麗水、溫州。1944 年 7 月調往菲律賓第 14 方面軍，

搭乘ヒ 71 船團赴呂宋島途中 8 月 19 日玉津丸被美軍 SS-411 號潛水艇擊沉致 4800 人死亡，其中獨立步兵第 13 聯隊長安尾正綱以下 2000 人。11 月第 26 師團增援萊特島（欠獨立步兵第 11 聯隊），在與美軍作戰中遭受慘敗，師團長山縣栗花生、来棲猛夫相繼戰死未有繼任者，僅餘數百人退縮坎基波特山區。

19. 第 27 師團

1938 年 6 月在華北以中國駐屯兵團為基幹組建，轄中國駐屯步兵第 1、2、3 聯隊及山炮兵第 27 聯隊等，師團長本間雅晴（1938.7），富永信政（1940.12）、原田熊吉（1942.3）、竹下義晴（1942.11）、落合甚九郎（1944.5）。歷任步兵群長永見俊德、松山祐三、鈴木啟久，1944 年 1 月步兵群撤銷。1938 年 9 月由天津經海路、長江到達瑞昌，編入第 11 軍參加武漢作戰，後調防天津直屬華北方面軍，1943 年 6 月調往關東軍。1944 年 2 月自錦州調回中國派遣軍，在華北方面軍、第 11 軍、第 20 軍序列參加豫中作戰、長衡作戰、粵漢線南段作戰。1945 年 4 月 18 日列為中國派遣軍直轄，5 月從廣州地區出發攻擊贛南三南地區（中國第 7 戰區駐地），爾後經贛州北上，終戰時抵達南昌附近，後轉至無錫繳械投降。

20. 第 32 師團

1939 年 2 月在本土組建，轄步兵第 210、211、212 聯隊及野炮兵第 32 聯隊等，師團長木村兵太郎、井出鐵藏（1940.10）、石井嘉穗（1942.10），步兵群長麥倉俊三郎、石田保忠、宮下健一郎（1944 年 1 月撤銷步兵群）。1939 年 4 月到達中國編入第 12 軍駐兗州。1942 年 5 月調第 13 軍參加浙贛作戰，8 月返回第 12 軍駐濟南。原定 1943 年底調第 25 軍，後變更命令於次年 4 月調菲律賓第 14 軍駐棉蘭老島，5 月再改派荷屬東印度哈馬黑拉島隸屬第 2 軍，部分兵員損失於海運途中，一部參加莫羅泰島作戰。

21. 第 33 師團

1939 年 2 月在本土組建，轄步兵第 213、214、215 聯隊及山炮兵第 33 聯隊等，師團長甘粕重太郎、櫻井省三（1941.1）、柳田元三（1943.3）、田中信男（1944.5）。3 月到達中國編入第 11 軍駐江西安義，參加第 1 次長沙作戰、1939 年冬季作戰、上高作戰。1941 年 2 月師團主力配屬山西第 1 軍，參加中條山作戰。1941 年 11 月調南方軍第 15 軍駐泰國，次年參加緬甸作戰攻陷仰光，後駐防緬北仁安羌。1944 年 3 月參加英帕爾作戰慘敗，1945 年 7 月退至

泰緬邊境列為緬甸方面軍直轄。歷任步兵群長井上貞衛、荒木正二、遠藤新一、山本募（1944 年 11 月步兵群司令部撤銷）。

22. 第 34 師團

1939 年 2 月在本土組建，轄步兵第 216、217、218 聯隊及野炮兵第 34 聯隊等，師團長關龜治、大賀茂（1940.12）、秦彥三郎（1942.10）、伴健雄（1943.3），步兵群長內田孝行、岩永汪、倉林公任（1943 年 6 月撤銷步兵群）。3 月到達中國編入華中派遣軍第 11 軍駐防南昌地區，參加 1939 年冬季作戰、1941 年上高作戰、1942 年浙贛作戰。1943 年 5 月師團降格，所轄野炮兵第 34 聯隊撤銷改設炮兵隊，工兵第 34 聯隊、輜重兵第 34 聯隊降為工兵隊、輜重隊。1943 年 11 月派出佐佐木勘之亟支隊參加常德作戰。1944 年參加長衡作戰、桂柳作戰，擔任廣西全縣地區警備。1945 年 4 月 18 日列為中國派遣軍直轄奉調京滬地區，經長沙、萬載、上高，終戰時到達安義至九江一線，後奉命至浦鎮繳械投降。

23. 第 35 師團

1939 年 2 月在本土組建，轄步兵第 219、220、221 聯隊及野炮兵第 35 聯隊等，師團長前田治、原田熊吉（1940.5）、重田德松（1942.3）、坂西一良（1943.2）、池田濬吉（1944.3），步兵群長飯田泰次郎、鯉登行一、北川一夫（1943 年 4 月撤銷步兵群）。4 月到達中國直屬華北方面軍，駐防新鄉。1939 年在豫東方面參加冬季作戰。1941 年 5、6 月參加中條山作戰，10 月從新鄉南渡黃河攻佔鄭州，1942 年 4 月編入第 12 軍駐防開封。1943 年 5 月所轄野炮兵第 35 聯隊撤銷，1944 年 3 月又將關東軍獨立山炮兵第 4 聯隊編入，派往中太平洋第 31 軍，再改往西部新幾內亞島編入南方軍第 2 軍，在海運途中遭美軍潛艇襲擊損失部分兵員與火炮。師團主力駐防馬諾誇里、索龍，在美、澳軍打擊下退守索龍山區直至終戰，步兵第 219 聯隊主力在比亞克島、農福爾島作戰中覆沒。

24. 第 36 師團

1939 年 2 月在本土組建，轄步兵第 222、223、224 聯隊及山炮兵第 36 聯隊等，師團長舞傳男、井關仞（1940.8）、岡本保之（1943.2）、田上八郎（1943.10），1940 年 3 月至 1943 年 10 月步兵群長山內正文、久野村桃代、佐久間盛一。4 月到達中國編入華北方面軍第 1 軍駐太原，1941 年 5 月參加中條山作戰，駐防潞安。1943 年 7 月集結天津按海洋編制整編，10 月調南方

軍澳北第 19 軍,次年 1 月登陸新幾內亞島西北部薩米改隸第 2 軍。5 月美澳軍發起攻勢,步兵第 222 聯隊被全殲於比亞克島,師團主力戰敗後困守薩米內陸山區。

25. 第 37 師團

1939 年 2 月在本土組建,轄步兵第 225、226、227 聯隊及山炮兵第 37 聯隊等,師團長平田健吉、安達二十三(1940.8)、長野祐一郎(1941.10)、佐藤賢了(1945.4),步兵群長森本伊市郎、中島吉三郎、中代豐治郎(1944 年 1 月撤銷步兵群)。7 月到達中國編入華北方面軍第 1 軍駐運城,參加冬季作戰、中條山作戰,駐防運城。1942 年 5 月步兵第 226 聯隊與第 26 師團獨立步兵第 13 聯隊組成小蘭江混成旅團參加浙贛作戰,攻佔麗水、溫州。1944 年 4 月調入第 12 軍參加豫中作戰、駐防信陽,8 月編入第 11 軍投入長衡作戰、桂柳作戰,11 月 10 日攻佔廣西省會桂林。1945 年 1 月調南方軍第 38 軍進駐法屬印度支那,再調往馬來準備對英作戰、終戰時中止於曼谷東北那空那育。

26. 第 38 師團

1939 年 6 月在本土組建,轄步兵第 228、229、230 聯隊及山炮兵第 38 聯隊等,師團長藤井洋治(1939.10)、佐野忠義(1941.6)、影佐禎昭(1943.6),10 月設步兵群,歷任步兵群長若松只一、末藤知文、伊東武夫。11 月到達中國編入第 21 軍駐佛山。1941 年 12 月在第 23 軍序列攻佔香港,1942 年 1 月調南方軍第 16 軍,2 月攻佔巴鄰旁油區及蘇門答臘南部,3 月參加攻佔爪哇島,11 月登陸瓜達卡納爾島途中遭美軍攻擊損失過半,在瓜島作戰死亡 5000 人,次年 2 月撤至新不列顛島直屬第 8 方面軍,一部參加新喬治亞島作戰。1944 年 7 月伊東武夫率步兵群司令部及第 230 聯隊脫離師團調往新愛爾蘭島,編為獨立混成第 40 旅團。1945 年第 38 師團序列另編成混成第 3 聯隊。

27. 第 39 師團

1939 年 6 月在本土組建,轄步兵第 231、232、233 聯隊及野炮兵第 39 聯隊等,師團長村上啟作(1939.10)、澄田賚四郎(1941.9)、佐佐真之助(1944.11),1939 年 10 月至 1944 年 1 月步兵群長井上芳佐、兩角業作、野地嘉平。11 月到達中國編入第 11 軍駐孝感,參加 1940 年 5 月棗宜作戰,先後駐防宜昌、當陽,參加 1943 年 5 月鄂西作戰、11 月常德作戰。編入新成立的第 34 軍擔任武漢周邊警備,1945 年 3 月老河口作戰攻佔襄陽、樊城,5 月緊急奉調滿洲,7 月到達梅河口、清源一線,隸屬關東軍第 30 軍。

28. 第 40 師團

1939 年 6 月在本土組建，轄步兵第 234、235、236 聯隊及山炮兵第 40 聯隊等，師團長天谷直次郎（1939.10）、青木成一（1941.8）、宮川清三（1944.8），步兵群長石本貞直、河野毅，1943 年 4 月步兵群撤銷。10 月到達中國編入第 11 軍駐咸寧。參加棗宜作戰、豫南作戰、第 2 次長沙作戰、第 3 次長沙作戰，駐防咸寧，參加監利華容作戰。1942 年 5 月組成今井支隊參加浙贛作戰（西線），步兵第 236 聯隊長今井龜太郎任支隊長。第 40 師團與第 11 軍第 3、34、39 師團抽調部隊組成河野混成旅團，河野毅任旅團長，編入第 13 軍參加浙贛作戰（東線），後返回咸寧駐地。1943 年 2～3 月監利─華容作戰，自臨湘出擊兩次渡江攻佔監利、華容。5 月所轄山炮兵第 40 聯隊改稱山炮兵第 31 聯隊編入第 31 師團，第 40 師團降格改設炮兵隊，工兵第 40 聯隊、輜重兵第 40 聯隊降為工兵隊、輜重隊。1944 年 5～8 月長衡會戰擔任西路攻擊，11 月 10 日參與攻佔廣西省會桂林。編入新成立的第 20 軍，1945 年 1～2 月參加粵漢線南段作戰，駐防道縣，後改隸第 23 軍駐曲江。6 月 17 日列為中國派遣軍直轄奉調京滬地區，從廣州附近出發攻擊贛南三南地區（中國第 7 戰區駐地），爾後經贛州、遂川、萬安、泰和、吉安、峽江，終戰時抵達南昌以南三江口附近，再轉至蕪湖繳械投降。

29. 第 41 師團

1939 年 6 月在朝鮮龍山組建，轄步兵第 237、238、239 聯隊及山炮兵第 41 聯隊等，10 月到達中國編入第 1 軍駐臨汾，1941 年 5～6 月中條山會戰在絳縣方向作戰。1942 年 4 月直屬華北方面軍，駐防德縣，5 月派出奈良正彥支隊在第 13 軍序列投入浙贛作戰，11 月編入南太平洋第 8 方面軍第 17 軍。1943 年 5 月調入東部新幾內亞島第 18 軍，參加艾塔佩反攻遭慘敗，殘部據守基科里。師團長田邊盛武（1939.10）、清水規矩（1941.3）、阿部平輔（1942.7）、真野五郎（1943.6），步兵群長北島卓美、奧村半二、莊下亮一、青津喜久太郎。

30. 第 47 師團

1943 年 5 月在日本本土以第 67 獨立步兵群（含原第 108 師團步兵第 105 聯隊）為基幹組建，轄步兵第 91、105、131 聯隊及山炮兵第 47 聯隊等，當時編制情況：人 14420、馬 2375、汽車 71，山炮兵第 47 聯隊編制 1751 人、1263 馬，每個步兵聯隊編制 3147 人、119 馬。1944 年 6 月下屬 3 個步兵大

隊、1個炮兵大隊組建第 12 派遣隊赴呂宋島（再改編為獨立混成第 58 旅團）。12 月派往華南戰場，是最後一個從本土調出的師團。編入第 20 軍參加芷江作戰，6 月緊急轉調華北，日本戰敗前夕從湖南湘潭到達濟南以南。歷任師團長大迫通貞、渡邊洋（1944.10），1943 年 8 月至 1944 年 1 月第 47 師團步兵群長遠藤新一。

31. 第 48 師團

1940 年 11 月在海南島以臺灣混成旅團為基幹組建，轄臺灣步兵第 1、2 聯隊、步兵第 47 聯隊（從第 6 師團抽出，曾編入第 66 獨立步兵群）及山炮兵第 48 聯隊等，師團長中川廣、土橋勇逸（1941.9）、山田國太郎（1944.11），步兵群長安部孝一、深堀游龜（1944 年 5 月撤銷步兵群）。12 月編入華南方面軍，1941 年 4 月登陸馬尾，22 日攻陷省會閩侯。8 月退出福州編入臺灣軍，11 月編入南方軍第 14 軍。參加菲律賓作戰，1942 年 1 月攻佔馬尼拉，隨後轉調第 16 軍參加爪哇作戰攻陷泗水。1943 年 1 月隸屬第 2 方面軍第 19 軍駐防帝汶島，1945 年 8 月轉隸第 16 軍，8 月 17 日從東帝汶撤出，計劃調往爪哇島未遂。

32. 第 51 師團

1939 年 9 月第 114 師團 I 撤銷，其下轄步兵第 66、102、115 聯隊於次年 7 月再動員，與野炮兵第 14 聯隊等組建第 51 師團。師團長上野勘一郎、李王垠（1941.7）、中野英光（1941.11），1940 年 9 月始步兵群長井上靖、山口信一、岡部通、室谷忠一、川久保鎮馬。1941 年初調關東軍，9 月調中國派遣軍第 23 軍駐中山，第 66 聯隊（荒木支隊）參加攻佔香港。1942 年 11 月調外南洋拉包爾，次年 2 月編入第 18 軍增援新幾內亞萊城，海運途中在丹皮爾海峽遭美機襲擊，全隊 4 艘驅逐艦、8 艘運輸船沉沒，官兵 3000 多人死亡。第 51 師團參加萊城—薩拉莫阿作戰慘敗，終戰時被澳軍圍困於韋瓦克內陸。

33. 第 58 師團

1942 年 2 月在湖北應城以第 11 軍獨立混成第 18 旅團與後備步兵大隊組建並就地駐防，轄步兵第 51 旅團（獨立步兵第 92～95 大隊）、步兵第 52 旅團（獨立步兵第 96、106～108 大隊）等，師團長下野一霍、毛利末廣（1944.3）、川俣雄人（1945.3）。1943 年 2～3 月監利—華容作戰南下洪湖策應，11 月組建古賀龍太郎支隊參加常德作戰。1944 年參加長衡作戰，6 月 18 日攻佔湖南省會長沙，8 月投入桂柳作戰，11 月 10 日攻佔廣西省會桂林。1945 年 8 月

16 日從廣西全縣撤退至湖南祁陽、衡陽一線。

34. 第 59 師團

1942 年 2 月在泰安以第 12 軍獨立混成第 10 旅團為基幹組建，轄步兵第 53 旅團（獨立步兵第 41～44 大隊）、步兵第 54 旅團（獨立步兵第 45、109～111 大隊）及迫擊炮隊等，師團長柳川悌、細川忠康（1943.3）、藤田茂（1945.3），擔任濟南地區警備。年底駐館陶部隊發生士兵騷亂事件，柳川悌與步兵第 53 旅團長大熊貞雄、第 12 軍司令土橋一次均被撤職。1945 年 7 月第 59 師團緊急調防北部朝鮮咸興、定平，隸屬關東軍第 34 軍。

35. 第 60 師團

1942 年 2 月在蘇州以第 13 軍獨立混成第 11 旅團 II 為基幹組建就地駐防，轄步兵第 55 旅團（獨立步兵第 46～49 大隊）、步兵第 56 旅團（獨立步兵第 50、112～114 大隊）及炮兵隊等，師團長小林信男、落合松二郎（1945.6），擔任京滬鐵路沿線地區警備。1943 年 9 月組建堤三樹男支隊參加廣德作戰，1944 年 9 月步兵第 55 旅團司令部率獨立步兵第 47、50 大隊及第 61 師團一個步兵大隊等組建甲支隊參加浙東作戰。

36. 第 61 師團

特設第 101 師團撤銷後，其下轄步兵第 101、149、157 聯隊於 1941 年 11 月在本土編為第 61 獨立步兵群。1943 年 3 月第 61 獨立步兵群配屬迫擊炮隊等特科部隊組建第 61 師團，群長田中勤任師團長，4 月調入第 13 軍接替第 15 師團駐防南京，擔任長江沿線地區警備，9 月參加廣德作戰。

37. 第 62 師團

1943 年 5 月在山西以第 1 軍獨立混成第 4 旅團、獨立混成第 6 旅團部分人員組建，轄步兵第 63 旅團（獨立步兵第 11～14 大隊）、步兵第 64 旅團（獨立步兵第 15、21～23 大隊）等，師團長本鄉義夫、藤岡武雄（1945.3～6.22），駐防榆次。1944 年 3 月調第 12 軍參加打通大陸交通線作戰，7 月調第 32 軍駐防沖繩島。1945 年 6 月戰敗覆沒，番號撤銷。

38. 第 63 師團

1943 年 5 月在北平以獨立混成第 15、6 旅團人員為基幹組建，轄步兵第 66 旅團（獨立步兵第 77～79、137 大隊）、步兵第 67 旅團（獨立步兵第 24、25、80、81 大隊）及迫擊炮隊等，師團長野副昌德(1943.6)、岸川健一（1945.3），

直屬華北方面軍駐北平—保定一線。1944 年豫中作戰參與組建「菊兵團」攻佔洛陽，1945 年 6 月緊急調關東軍第 3 方面軍第 44 軍駐通遼。

39. 第 64 師團

1943 年 5 月在揚州以第 13 軍獨立混成第 12 旅團為基幹組建、就地駐防，轄步兵第 69 旅團（獨立步兵第 51～53、131 大隊）、步兵第 70 旅團（獨立步兵第 54、55、132、133 大隊）等，師團長船引正之。9 月參加廣德作戰。1944 年 6 月調湖南，駐防長沙，先後隸屬第 11 軍、第 20 軍，芷江作戰時擔任戰場警備，失敗後駐湘陰縣。

40. 第 65 師團

1943 年 5 月在安徽以第 13 軍獨立混成第 13 旅團為基幹組建，轄步兵第 71 旅團（獨立步兵第 56～59 大隊）、步兵第 72 旅團（獨立步兵第 60、134～136 大隊）及炮兵隊等，師團長太田米雄、阪口靜夫（1944.8）、森茂樹（1945.3），接替第 17 師團駐徐州地區。1943 年 11 月派出柄田節支隊編入第 11 軍序列參加常德作戰，1944 年豫中作戰前出阜陽擔任牽制。

41. 第 68 師團

1942 年 2 月在九江以第 11 軍獨立混成第 14 旅團為基幹組建，轄步兵第 57 旅團（獨立步兵第 61～64 大隊）、步兵第 58 旅團（獨立步兵第 65、115～117 大隊）等，師團長中山惇、佐久間為人（1943.3）、堤三樹男（1944.7），擔任九江地區警備。1943 年 5 月一部參加鄂西作戰，11 月師團投入常德作戰，1944 年參加攻佔衡陽。1945 年編入第 20 軍，參加芷江作戰，後駐衡陽。

42. 第 69 師團

1942 年 2 月在汾陽以華北方面軍第 1 軍獨立混成第 16 旅團為基幹組建，轄步兵第 59 旅團（獨立步兵第 82～85 大隊）、步兵第 60 旅團（獨立步兵第 86、118～120 大隊）及炮兵隊等，師團長井上貞衛、三浦忠次郎（1943.10），駐臨汾地區。1944 年 3 月移駐運城地區，豫中作戰時自垣曲渡黃河策應第 12 軍行動。1945 年 5 月底從運城調第 13 軍，駐嘉定地區。

43. 第 70 師團

1942 年 2 月以駐寧波第 13 軍獨立混成第 20 旅團為基幹組建，轄步兵第 61 旅團（獨立步兵第 102～105 大隊）、步兵第 62 旅團（獨立步兵第 121～124 大隊）及炮兵隊等，師團長內田孝行。移駐杭州，擔任杭州、寧波、金華地區

警備，參加 1942 年 5 月浙贛作戰（東線），1943 年 9 月廣德作戰。1944 年 6 月為配合長衡作戰自杭州前出金華，26 日攻佔衢州，8 月退回杭州，是役步兵第 62 旅團長橫山武彥被擊斃。1945 年 1 月第 70 師團隸屬第 6 軍駐嘉興，遠東戰役發起後緊急北調東北，因日本宣布投降中止於蚌埠。

44. 第 101 師團

1937 年 9 月在本土以第 1 師團留守部隊組建，轄步兵第 101 旅團（步兵第 101、149 聯隊）、步兵第 102 旅團（步兵第 103、157 聯隊）及野炮兵第 101 聯隊等，師團長伊東政喜、齋藤彌平太（1938.11～1940.2）。步兵第 101 旅團長佐藤正三郎，步兵第 102 旅團長工藤義雄（1937.9）、佐枝義重（1938.11）。1937 年 9 月到達淞滬戰場在虹口方向作戰，攻佔上海後就地擔任警備，12 月 24 日攻佔浙江省會杭州。後隸屬第 11 軍參加武漢作戰（德安、修水方向），接替第 106 師團擔任湖口地區長江警備，後駐防德安擔任九江地區警備。1939 年 3 月參加南昌作戰，27 日攻佔南昌，11 月調回日本，1940 年 3 月撤編。

45. 第 104 師團

1938 年 6 月 16 日在日本本土以第 4 師團留守人員組建，轄步兵第 107 旅團（步兵第 108、170 聯隊）、步兵第 132 旅團（步兵第 137、161 聯隊）及野炮兵第 104 聯隊等，編入關東軍，張鼓峰作戰時臨時被調從大連支持。10 月 12 日調華南第 21 軍，從大連出航登陸大亞灣，攻佔從化、廣州北，1939 年 6 月下屬後藤十郎支隊（步兵第 137 聯隊為基幹）登陸汕頭，佔領潮州。第 21 軍撤銷後相繼隸屬華南方面軍、第 23 軍，駐防廣州。1944 年桂柳作戰自廣州出擊攻佔梧州、柳州，1945 年返回廣東駐四會，參加粵漢線南段作戰，後駐防海豐。歷任師團長三宅俊雄、浜本喜三郎（1938.11）、菰田康一（1940.12）、鈴木貞次（1942.8）、末藤知文（1945.3），歷任步兵第 107 旅團長松本健兒（1938.6）、西山福太郎（1939.3）、人見秀三（1940.12）、加藤章（1941.12），歷任步兵第 132 旅團長後藤十郎（1938.6）、竹內一郎（1940.3）、人見秀三（1941.1）。1942 年 1 月改三聯隊制抽出步兵第 170 聯隊，加藤章任第 104 師團步兵群長，1943 年 12 月步兵群撤銷。

46. 第 106 師團

1938 年 5 月 15 日在本土以第 6 師團留守人員組建，轄步兵第 111 旅團（步兵第 113、147 聯隊）、步兵第 136 旅團（步兵第 123、145 聯隊）及野炮兵第 106 聯隊等。1938 年 7 月編入第 11 軍投入武漢作戰，擔任湖口長江警

備，參加攻佔九江，10 月在萬家嶺作戰遭重創，11 月駐防陽新。1939 年 3 月從德安南發起攻擊南昌西，9 月參加第 1 次長沙作戰，11 月奉調回國，12 月改變命令再編入華南第 21 軍。1940 年 3 月回國，5 月撤編。師團長松浦淳六郎、中井良太郎（1939.5～1940.3）。步兵第 111 旅團長山地坦，步兵第 136 旅團長青木敬一、萱島高（1939.1）。

47. 第 108 師團

1937 年 8 月在日本以第 8 師團預備役人員組建，轄步兵第 25 旅團（步兵第 117、132 聯隊）、步兵第 104 旅團（步兵第 52、105 聯隊）及野炮兵第 108 聯隊等，即編入華北方面軍第 2 軍，11 月參加冀南作戰攻佔邢臺，後編入第 1 軍駐防臨汾、曲沃地區。1940 年 1 月調回日本，次年撤編，師團長下元熊彌、谷口元治郎（1938.6～1940.2），步兵第 25 旅團長中野直三，步兵第 104 旅團長苫米地四樓、佐伯文郎（1938.11）。

48. 第 109 師團

1937 年 8 月在本土以第 9 師團留守人員組建，轄步兵第 31 旅團（步兵第 69、107 聯隊）、步兵第 118 旅團（步兵第 119、136 聯隊）及野炮兵第 109 聯隊等，1937 年 9 月抵達天津配屬第 2 軍，部分兵力參加津浦路北段東路作戰，10 月轉向平漢路攻佔邢臺，部分兵力參加太原作戰，後編入第 1 軍駐防太原、離石一線。1938 年 1 月部分兵力參加攻佔周村、博山。1939 年 9 月調回日本，12 月撤編，師團長山岡重厚（1937.8）、阿南惟幾（1938.11）、酒井鎬次（1939.9～1939.12），步兵第 31 旅團長谷藤長英、中井武三（1938.3）、小玉與一（1939.3），步兵第 118 旅團長本川省三、山口三郎（1938.7）。

49. 第 110 師團

1938 年 6 月在本土以第 10 師團留守人員組建，轄步兵第 108 旅團（步兵第 139、140 聯隊）、步兵第 133 旅團（步兵第 110、163 聯隊）及野炮兵第 110 聯隊等，師團長桑木崇明、飯沼守（1939.12）、林芳太郎（1942.8）、木村經廣（1944.7），步兵第 108 旅團長南雲親一郎、石井嘉穂（1939.6）、洪思翊（1941.3），步兵第 133 旅團長小野賢三郎、津田美武（1939.8）、白瀧理四郎（1941.10）。1942 年 4 月步兵第 108 旅團司令部與步兵第 140 聯隊調出參與組建關東軍第 71 師團，步兵第 133 旅團司令部改為第 110 師團步兵群司令部，白瀧理四郎任步兵群長，1943 年 4 月步兵群撤銷。1938 年 7 月在塘沽登陸隸屬華北方面軍，接替第 27 師團擔任平津地區警備，後駐防石門地區。

1944 年整編降格，野炮兵第 110 聯隊、工兵第 110 聯隊、輜重兵第 110 聯隊縮編為炮兵隊、工兵隊、輜重隊。3 月隸屬第 12 軍參加豫中作戰，後駐防洛陽、臨汝，1945 年 3 月老河口作戰攻佔西峽口，終戰時從內鄉、西峽口一線退縮至洛陽。

50. 第 114 師團

1937 年 10 月在日本以第 14 師團留守人員編組，轄步兵第 127 旅團（步兵第 66、102 聯隊）、步兵第 128 旅團（步兵第 115、150 聯隊）及野炮兵第 120 聯隊等，師團長末松茂治、沼田德重（1939.3），步兵第 127 旅團長秋山充三郎，步兵第 128 旅團長奧保夫、（待考）（1939.3）。11 月 8 日在金山衛登陸參加淞滬作戰，11 月 25 日攻佔長興，12 月攻打南京擔任南路，南京暴行兇犯。1938 年參加徐州作戰，11 月編入第 12 軍，參加 1939 年魯南、魯西作戰，8 月調回日本後撤編。

51. 第 114 師團（II）

1944 年 7 月以第 1 軍獨立步兵第 3 旅團為基幹在臨汾另組，轄步兵第 83 旅團（獨立步兵第 199～202 大隊）、步兵第 84 旅團（獨立步兵第 381～384 大隊）及炮兵隊等，師團長中代豊治郎、三浦三郎（1944.10）。1945 年 8 月 10 日華北方面軍令其向平津地區轉移、主力於 20 日前到達，第 114 師團計劃於 15 日從臨汾出發未遂。三浦三郎（陸士 25）是罕見的憲兵科出身而任合成部隊指揮官者，1934 年始歷任奉天憲兵隊長、華中派遣憲兵隊司令部本部長、上海憲兵隊長、陸軍憲兵學校校長、華北派遣憲兵隊司令、關東憲兵隊司令。

52. 第 115 師團

1944 年 7 月在鄆城以第 12 軍獨立混成第 7 旅團擴編，轄步兵第 85 旅團（獨立步兵第 26～29 大隊）、步兵第 86 旅團（獨立步兵第 30、385～367 大隊）及迫擊炮隊等，師團長杉浦英吉。1945 年 3 月投入老河口，6 月馳援西峽口方向，後退回鄆城。

53. 第 116 師團

1938 年 5 月在本土以第 16 師團留守人員組建，轄步兵第 119 旅團（步兵第 109、120 聯隊）、步兵第 130 旅團（步兵第 133、138 聯隊）及野炮兵第 122 聯隊等。初直屬華中派遣軍，武漢作戰時擔任蕪湖以西長江警備，1939 年

編入第 11 軍參加南昌作戰、冬季作戰，後隸屬第 13 軍駐防安慶，參加 1942 年浙贛作戰。1943 年 10 月調往漢口，在第 11 軍序列投入常德作戰、長衡作戰。1945 年編入第 20 軍參加芷江作戰。芷江作戰失敗後退守寶慶。師團長清水喜重、篠原誠一郎（1939.5）、武內俊二郎（1941.10）、岩永汪（1943.6）、菱田元四郎（1945.3），步兵第 119 旅團長石原常太郎、山崎右吉（1939.3）、山縣業一（1940.8）、桂朝彥（1941.12），步兵第 130 旅團長高橋為一郎、三浦忠次郎（1939.8）、鵜澤尚信（1941.10）。1942 年 11 月撤銷步兵旅團、調出步兵第 138 聯隊，歷任步兵群長桂朝彥、松野尾勝明，1944 年 1 月步兵群撤銷。

54. 第 117 師團

1944 年 7 月在新鄉以第 12 軍獨立步兵第 4 旅團擴建，轄步兵第 87 旅團（獨立步兵第 203～206 大隊）、步兵第 88 旅團（獨立步兵第 388～391 大隊）及迫擊炮隊等，師團長鈴木啟久，擔任新鄉、鄭州警備。1945 年 3 月投入老河口作戰，6 月緊急調關東軍第 44 軍駐防白城子、洮南，遠東戰役發起後退往長春。

55. 第 118 師團

1944 年 7 月在大同以獨立步兵第 9 旅團擴建，轄步兵第 89（獨立步兵第 223～226 大隊）、步兵第 90 旅團（獨立步兵第 392、401～403 大隊）及炮兵隊等，師團長內田銀之助。11 月發起歸綏、包頭作戰，次年 5 月調上海隸屬第 13 軍。遠東戰役發起後 8 月 12 日緊急北調蒙疆，13 日 12 時中國派遣軍接東京命令急調一個軍司令部兩個師團到南滿，當即決定第 118 師團改往南滿。但 13 日晚張家口方面情報稱蘇聯蒙古騎兵集群次日可到達張北，駐蒙軍緊急要求派兵馳援。14 日判明情況後第 118 師團在行進途中奉命開往張家口，15 日中止於天津附近。10 月 6 日在天津向美國海軍第 3 兩栖軍軍長洛基中將投降。

56. 第 129 師團

1945 年 4 月在廣東以獨立混成第 19 旅團人員等組建，轄步兵第 91 旅團（獨立步兵第 98、278～280 大隊）、步兵第 92 旅團（獨立步兵第 101、588～590 大隊）及炮兵隊等，師團長鵜澤尚信，編入第 23 軍先後駐廣東惠陽、東莞。

57. 第 130 師團

1945 年 4 月在汕頭以第 23 軍獨立混成第 19 旅團人員等組建，轄步兵第 93 旅團（獨立步兵第 97、99、100、277 大隊）、步兵第 94 旅團（獨立步兵第 281、620～622 大隊）及炮兵隊等，師團長近藤新八，先後移駐順德、番禺。

58. 第 131 師團

駐寧波第 13 軍第 11 野戰補充隊於 1944 年 5 月組成岩本高次支隊入湖南作戰，1945 年 2 月在韶關擴編為第 131 師團，轄步兵第 95 旅團（獨立步兵第 591～594 大隊）、步兵第 96 旅團（獨立步兵第 595～598 大隊）及炮兵隊等，師團長小倉達次，編入第 23 軍駐韶關擔任粵漢鐵路警備，6 月 17 日列為中國派遣軍直轄，沿粵漢線北調華東，終戰時到達岳陽以南長樂街，後奉命至安慶繳械。

59. 第 132 師團

1945 年 2 月在湖北組建，人員來源於第 39 師團、獨立步兵第 5、7、11、12 旅團等，轄步兵第 97 旅團（獨立步兵第 599～602 大隊）、步兵第 98 旅團（獨立步兵第 603～606 大隊），師團長柳川悌，直屬第 6 方面軍，師團部駐湖北當陽，步兵第 97 旅團駐宜昌。

60. 第 133 師團

1945 年 2 月抽調第 65、70 師團部隊在杭州組建，轄步兵第 99 旅團（獨立步兵第 607～610 大隊）、步兵第 100 旅團（獨立步兵第 611～614 大隊），師團長野地嘉平，編入新調來華東的第 6 軍序列，擔任杭州地區警備。

61. 第 161 師團

1945 年 4 月在上海組建，轄步兵第 101 旅團（獨立步兵第 475～477、528 大隊）、步兵 102 旅團（獨立步兵第 478～481 大隊）及炮兵隊等，師團長高橋茂壽慶，步兵第 101 旅團長江口四郎，步兵第 102 旅團長石田壽。編入第 13 軍擔任上海地區警備，遠東戰役發起後北調滿洲，中止於南京。（注：步兵第 101、102 旅團兩個番號係第 2 次使用，特設第 101 師團與所轄步兵第 101、102 旅團 1940 年撤銷）。

附.緬甸日軍第 56 師團一部侵佔滇西

62. 第 56 師團

第 56 師團 1940 年 7 月以原第 106 師團步兵第 113 聯隊及第 12 師團第 2

代留守部隊組建，轄步兵第 113、146、148 聯隊及野炮兵第 56 聯隊等，師團長渡邊正夫、松山祐三（1942.12），1942 年 8 月至 1944 年 8 月步兵群長坂口靜夫、水上源藏。1941 年 12 月步兵第 146 聯隊及炮兵大隊組建坂口靜夫支隊登陸棉蘭老島，再參加婆羅洲、爪哇芝拉扎作戰。1942 年 3 月調第 15 軍參加緬中作戰攻佔同登，5 月攻入中國雲南畹町至怒江西岸地區，後駐防滇西、緬北，師團部駐中國芒市。1943 年 10 月中國駐印軍反攻胡康河谷、密支那擊敗第 56 師團。1944 年 4 月隸屬緬甸方面軍第 33 軍，5 月中國遠征軍反攻滇西，步兵第 113、148 聯隊慘敗「奉燒」聯隊旗，殘部退回緬甸，緬北作戰水上源藏兵敗自殺。後隸屬第 15 軍駐泰緬邊境清邁地區。

　　終戰時中國派遣軍轄 26 個師團，《昭和二十年的中國派遣軍》將其分為四等，即甲種師團：第 3、13、27、47、104、116 師團，乙種師團：第 34、40、61、110 師團，丙種師團：第 58、60、64、65、68、69、70 師團，丁種師團：第 114、115、118、129、130、131、132、133、161 師團。

　　七七事變後中國關內 62 個侵華師團按其構成分類如下：

　　（1）常設師團，第 3～6、9～11、14、16、20 師團與近衛師團計 11 個（共 17 個）；

　　（2）侵華特設師團第 13、18、101、104、106、108、109、110、114、116 師團計 10 個；

　　（3）早期三聯隊制師團第 15、17、21、22、26、27 師團計 6 個（共 7 個）；

　　（4）臺灣混成旅團與第 6 師團抽出步兵第 47 聯隊組建第 48 師團；

　　（5）1939 年 2、6 月在本土編組第 32～41 師團 10 個三聯隊制師團；

　　（6）1940～1941 年以常設師團留守人員組建 7 個「新常設」師團之第 51、56 師團；

　　（7）1942 年 2 月、1943 年 5 月，由在華獨立混成旅團擴編 10 個兩旅團制師團第 58～60、62～65、68～70 師團；

　　（8）以本土獨立步兵群為基幹組建的第 47、61 師團（共 6 個）；

　　（9）1944 年 7 月、1945 年 2～4 月，由在華獨立步兵旅團或其他人員擴編 10 個兩旅團制師團第 114、115、117、118、129～133、161 師團。

其他 38 個侵華師團

未投入關內戰場的 38 個侵華師團包括：

關東軍輪值的第 1、2、7、8、12 師團，九一八事變派兵參戰的朝鮮軍第 19 師團；

七七事變後從本土或朝鮮調入關東軍的第 23、57、79 師團；

關東軍序列 1944 年前組建第 24、25、28、29、71 師團，1944 年組建第 107、108、111、112、119、120 師團，1945 組建第 121～128、134～139、148、149 師團。

在臺灣組建的第 50、66 師團。

1. 第 1 師團

1888 年東京鎮臺改建，宇垣裁軍後轄步兵第 1 旅團（步兵第 1、49 聯隊）、步兵第 2 旅團（步兵第 3、57 聯隊）、野炮兵第 1 聯隊等。師團長林仙之（1931.8）、森連（1933.3）、柳川平助（1934.8）、堀丈夫（1935.12）、河村恭輔（1936.3）、岡部直三郎（1938.7）、橫山勇（1939.9）、中澤三夫（1941.10）、服部曉太郎（1944.3）、片岡董（1944.8），步兵第 1 旅團長小泉恭次（1936.3）、阿部規秀（1937.8）、山本三男（1939.6），步兵第 2 旅團長關龜治（1936.3）、本多政材（1937.8）、中川廣（1938.3）、太田米雄（1939.8）。1936 年調關東軍輪值，七七事變編組混成第 2 旅團侵入關內，1939 年諾門坎事件步兵第 3 聯隊參戰。1940 年 7 月撤銷步兵旅團、調出步兵第 3 聯隊，步兵第 1 旅團長山本三男任步兵群長，1941 年 10 月始渡左近、宮下文夫繼任，1944 年 2 月步兵群撤銷。1944 年 7 月第 1 師團首次出征至呂宋島，10 月在萊特島西岸奧莫克灣登陸，與美軍激戰於里蒙，迭次戰敗後殘部撤往宿務島至終戰。

2. 第 2 師團

1888 年東北鎮臺改建，1910～1912 年駐屯朝鮮，宇垣裁軍後轄步兵第 3 旅團（步兵第 4、29 聯隊）、步兵第 15 旅團（步兵第 16、30 聯隊）與野炮兵第 2 聯隊等，師團長多門二郎（1930.12）、東久邇宮稔彥王（1933.8）、秦真次（1934.8）、梅津美治郎（1935.8）、岡村寧次（1936.3）、安井藤治（1938.6）、吉本貞一（1939.11）、丸山政男（1941.4）、岡崎清三郎（1943.6）、馬奈木敬信（1945.3）。步兵第 3 旅團長長谷部照悟（1931.8）、谷儀一（1934.3）、波田重一（1935.3）、田村元一（1936.3）、伊佐一男（1938.7）、那須弓雄（1940.3），步兵第 15 旅團長天野六郎（1931.8）、三宅俊雄（1934.3）、篠原誠一郎（1936.3）、

片山省太郎（1938.3）、福榮真平（1940.2）。1940 年 11 月撤銷步兵旅團、抽出步兵第 30 聯隊，步兵第 3 旅團司令部改為步兵群司令部，旅團長那須弓雄任群長，1942 年 10 月至 1944 年 2 月曆任群長磐井虎二郎、齋俊男。1931 年調關東軍輪值駐遼陽、步兵第 29 聯隊駐瀋陽，九一八事變元兇，9 月 19 日佔領瀋陽，21 日佔領吉林省會永吉，11 月 19 日攻佔黑龍江省會齊齊哈爾。1932 年回國，1937 年再調關東軍輪值，七七事變時編組混成第 15 旅團參加忻口作戰，1938 年編組混成第 3 旅團參加豫東作戰，1939 年諾門坎事件步兵第 30 聯隊參戰，1940 年 9 月回國。1941 年 11 月編入第 16 軍參加爪哇、婆羅洲作戰。1942 年 8 月調第 17 軍，以步兵第 4 聯隊為基幹編組青葉支隊增援瓜島失敗，10 月初師團主力登陸瓜島，包括步兵群長那須弓雄與 3 個步兵聯隊長在內的 7000 多官兵戰死。次年 2 月撤出瓜島，在菲律賓補充重建第 29 聯隊，1943 年 9 月始擔任馬來、新加坡警備。1944 年 3 月投入緬甸若開戰場，8 月步兵第 4 聯隊增援滇西龍陵。1945 年 2 月撤出緬甸轉隸法屬印支第 38 軍駐西貢，參加對法越殖民軍作戰。

3. 第 7 師團

　　1896 年組建，1917～1918 年關東軍輪值，1918 年 8 月經由東清鐵路滿洲里方向出兵蘇俄。宇垣裁軍後轄步兵第 13 旅團（步兵第 25、26 聯隊）、步兵第 14 旅團（步兵第 27、28 聯隊）、野炮兵第 7 聯隊等，師團長佐藤子之助（1931.8）、杉原美代太郎（1933.8）、宇佐美興屋（1935.8）、三毛一夫（1936.3）、園部和一郎（1937.8）、國崎登（1939.8）、鯉登行一（1941.11）。步兵第 13 旅團長谷實夫（1932.8）、常岡寬治（1935.3）、秋山充三郎（1936.3）、吉澤忠男（1937.8），步兵第 14 旅團長服部兵次郎（1932.4）、平田重三（1933.8）、伊田常三郎（1934.3）、中井良太郎（1936.8）、森田范正（1938.7）。1939 年 3 月撤銷步兵旅團、調出步兵第 25 聯隊，步兵第 14 旅團長森田范正任步兵群長，1939 年 10 月始毛利喬、澤田保富、田村節藏、峯木十一郎繼任，1944 年 3 月步兵群撤銷。1933 年在本土組建混成第 14 旅團參加熱河作戰，1934～1936、1938～1940 年又兩度在關東軍輪值，1938 年編組混成第 13 旅團投入豫東作戰，1939 年以步兵第 26 聯隊編組須見支隊投入諾門罕邊境戰。1940 年 8 月調回其補充地北海道。1942 年 8 月以步兵第 28 聯隊編組一木清直支隊派往瓜島作戰覆沒，後重建第 28 聯隊。終戰時隸屬第 5 方面軍駐北海道帶廣。

4. 第 8 師團

1898 年組建，宇垣裁軍後轄步兵第 4 旅團（步兵第 5、31 聯隊）、步兵第 16 旅團（步兵第 17、32 聯隊）、野炮兵第 8 聯隊等，師團長西義一（1931.8）、中村孝太郎（1934.3）、下元熊彌（1935.12）、前田利為（1937.8）、冢田攻（1938.12）、本多政材（1940.10）、橫山靜雄（1942.6）。步兵第 4 旅團長佐枝義重（1933.8）、飯野莊三郎（1934.8）、森本義一（1936.8）、間崎信夫（1937.8）、鈴木貞次（1939.8），步兵第 16 旅團長川原侃（1932.9）、中野直三（1935.3）、木村民藏（1937.8）、堤不夾貴（1939.8）。1939 年 10 月撤銷步兵旅團、調出步兵第 32 聯隊，步兵第 4 旅團長鈴木貞次，後任竹內安守，1943 年 9 月步兵群撤銷。1932～1934 年關東軍輪值，1933 年 3 月 4 日攻佔熱河省會承德，1937 年 10 月再調關東軍輪值，1944 年 2 月抽調 3 個步兵大隊等編組第 3 派遣隊派往帕勞群島，7 月調菲律賓第 14 方面軍，步兵第 5 聯隊參加萊特島作戰，師團主力在馬尼拉以東地區抵抗美軍進攻，失敗後退縮山區。

5. 第 12 師團

1898 年組建，宇垣裁軍後轄步兵第 12 旅團（步兵第 14、24 聯隊）、步兵第 24 旅團（步兵第 46、48 聯隊）及野炮兵第 24 聯隊等，師團長木原清（1930.8）、杉山元（1932.2）、大谷一男（1933.3）、香月清司（1935.3）、清水喜重（1936.3）、山田乙三（1937.3）、上村清太郎（1938.1）、河邊正三（1940.3）、笠原幸雄（1941.3）、沼田多稼藏（1942.8）、人見秀三（1943.10）。步兵第 12 旅團長筒井正雄（1932.2）、吉村憬（1933.3）、佐伯清一（1934.12）、羽守清一郎（1935.12）、鹽田定市（1937.8）、坂口靜夫（1939.9），步兵第 24 旅團長谷藤長英（1932.8）、東條英機（1934.8）、役山久義（1935.8）、酒井鎬次（1936.8）、七田一郎（1937.3）、人見與一（1937.11）、遠山登（1939.11）。1932 年組建混成第 24 旅團參加淞滬作戰，1936 年 4 月調關東軍輪值駐屯東寧、掖河，1940 年 7 月改三聯隊制抽出第 14 聯隊（後編入第 25 師團）。1941 年 10 月設步兵群司令部，歷任群長田中信男、渡邊洋、見城五八郎，1943 年 11 月見城五八郎率步兵群司令部及部分兵力赴呂宋島編成獨立混成第 33 旅團。1944 年 12 月第 12 師團調第 10 方面軍駐防臺灣，途中 3 艘運輸船被美軍潛艇擊沉。二戰期間師團沒有作戰經歷，4 個步兵聯隊也沒有作戰經歷。

6. 第 19 師團

1915 年組建的朝鮮殖民地常設師團駐羅南，轄步兵第 37 旅團（步兵第 73、74 聯隊）、步兵第 38 旅團（步兵第 75、76 聯隊）及山炮兵第 25 聯隊、騎兵第 27 聯隊等，師團長森壽（1930.11）、牛島貞雄（1933.3）、鈴木美通（1935.3）、尾高龜藏（1936.3）、波田重一（1938.11）、上月良夫（1940.9）、尾崎義春（1942.7）。步兵第 37 旅團長武田秀一（1930.8）、古賀徹治（1931.10）、德野外次郎（1933.3）、加納豊壽（1935.3）、田路朝一（1937.3）、森本伸樹（1938.7）、高橋政雄（1940.3），步兵第 38 旅團長依田四郎（1931.8）、太田義三（1933.8）、伊丹政吉（1934.8）、田中清一（1935.8）、田邊松太郎（1936.12）、大野宣明（1938.7）、梅村篤郎（1939.3）、中島德太郎（1940.8）。1940 年 10 月撤銷步兵旅團、抽出步兵第 74 聯隊，步兵第 37 旅團司令部改為步兵群司令部，旅團長高橋政雄任群長，1942 年 11 月後歷任群長中島德太郎、萩原直之、鈴木繁二，1944 年 1 月步兵群撤銷。1931 年 12 月組建混成第 38 旅團參加攻佔長春、哈爾濱，第 75 聯隊是 1938 年張鼓峰事件作戰主力。1944 年底首次離朝增援呂宋島，擔任林加延灣防衛，被登陸美軍擊敗退入碧瑤以北山區。

7. 第 23 師團

1938 年 4 月本土組建，轄步兵第 64、71、72 聯隊及野炮兵第 13 聯隊等，即調關東軍輪值。1939 年諾門罕作戰的主力，戰死 5300 人，第 64、71 聯隊重建，野炮兵第 13 聯隊長伊勢高秀戰死、番號撤銷，10 月以新建的野炮兵第 17 聯隊編入。1944 年 10 月調呂宋島第 14 方面軍，海運中損失一部，擔任林加延灣防禦遭美軍打擊潰敗。師團長小松原道太郎、井上政吉（1939.11）、西原貫治（1941.3）、及川源七（1942.11）、西山福太郎（1944.1），1938 年 7 月至 1943 年 12 月步兵群長小林恒一、佐藤幸德、外立岩治、多賀哲四郎。

8. 第 24 師團

1939 年 10 月以第 8、11 師團抽出的步兵第 32、22 聯隊與第 89 聯隊、野炮兵第 42 聯隊等在哈爾濱組建，隸屬關東軍第 5 軍，師團長黑岩義勝、根本博（1941.3）、雨宮巽（1944.2～1945.6.30），1939 年 10 月至 1944 年 3 月步兵群長堤不夾貴、遠山登、松井節、淺見敏彥。曾組建第 7 派遣隊派往特魯克群島 Mereyon 島、第 9 派遣隊派往塞班島。1944 年 7 月調第 32 軍駐防沖

繩島，戰敗覆沒撤銷番號。

9. 第 25 師團

1940 年 7 月在中國東北以第 4、10、12 師團抽出的步兵第 70、40、14 聯隊及山炮兵第 15 聯隊組建，師團長桑原四郎、赤柴八重藏（1941.10）、加藤憐三（1943.10），1940 年 8 月至 1943 年 12 月步兵群長池田廉二、加藤定。1945 年 3 月從關東軍調回本土第 16 方面軍駐防宮崎縣，無作戰經歷。

10. 第 28 師團

1940 年 8 月以第 1、2、9 師團抽出聯隊在哈爾濱組建，轄步兵第 3、30、36 聯隊及山炮兵第 28 聯隊等，師團長石黑貞藏（1940.8）、櫛淵鍹一（1943.3）、納見敏郎（1945.1），1942 年 8 月至 1944 年 1 月步兵群長板津直俊。1944 年 6 月調第 32 軍擔任先島群島防禦，司令部駐宮古島，無作戰經歷。

11. 第 29 師團

1941 年 2 月以第 3、16、14 師團抽出的步兵第 18、38、50 聯隊及野炮兵第 29 聯隊等在滿洲組建，師團長上村利道（1941.4）、高品彪（1943.10～1944.7.28），1941 年 7 月至 1943 年 10 月步兵群長花谷正、岸川健一。1944 年 2 月調回本土，4 月改海洋編制調第 31 軍駐守關島及提尼安島，戰敗覆沒撤銷番號。

12. 第 50 師團

1944 年 5 月以臺灣留守第 48 師團改編，師團長石本貞直，駐臺灣潮州，轄步兵第 301、302、303 聯隊與山炮兵第 50 聯隊等，無作戰經歷。

13. 第 57 師團

1940 年 7 月以原第 108 師團轄步兵第 52、117、132 聯隊及野炮兵第 57 聯隊等組建，師團長伊藤知剛、楠本實隆（1941.10）、上村幹男（1943.3）、矢野政雄（1945.3），1942 年 8 月至 1943 年 9 月步兵群長秋永力。1941 年「關特演」從本土調關東軍駐黑河，1945 年 3 月調回本土隸屬第 16 方面軍駐守北九州福岡，無作戰經歷。

14. 第 66 師團

1944 年 5 月在本土組建獨立混成第 46 旅團（北川一夫），即調臺灣花蓮，7 月擴編為第 66 師團，轄步兵第 249、304、305 聯隊及 2 個炮兵隊，師團長北川一夫、中島吉三郎（1944.11）。後移駐臺東，無作戰經歷。

15. 第 71 師團

1942 年 4 月在滿洲以第 110 師團抽出的第 140 聯隊與琿春駐屯隊（轄步兵第 87、88 聯隊）及山炮兵第 71 聯隊組建，師團長遠山登，1942 年 12 月至 1944 年 2 月步兵群長阪田元一、志摩源吉。1945 年初調防臺南，無作戰經歷。

16. 第 79 師團

1945 年 2 月在朝鮮羅南以第 19 師團留守人員為基幹組建，轄步兵第 289、290、291 聯隊及山炮兵第 79 聯隊等，師團長太田貞昌。1945 年 5 月調關東軍第 1 方面軍第 3 軍駐圖們，遠東戰役時退往朝鮮羅南。

17. 第 107 師團

1944 年 5 月在中國東北以阿爾山駐屯隊、獨立混成第 7 聯隊改建，轄步兵第 90、177、178 聯隊及野炮兵第 107 聯隊等，師團長安部孝一，隸屬第 3 方面軍第 44 軍。1945 年 8 月 13 日始在瀋陽、長春沿線與蘇軍第 39 集團軍交戰，28 日退至音德爾地區。

18. 第 108 師團（II）

1944 年 7 月以關東軍第 9 獨立守備隊人員為基幹組建，轄步兵第 240、241、242 聯隊及野炮兵第 108 聯隊等，師團長磐井虎二郎，直屬第 3 方面軍。遠東戰役發起後師團主力從熱河作戰地域撤往錦縣，留守部隊以第 240 聯隊為基幹編為承德支隊轉隸中國派遣軍。

19. 第 111 師團

1944 年 7 月以關東軍第 9 獨立守備隊人員為基幹組建，轄步兵第 243、244、245 聯隊及炮兵隊等，師團長岩崎民男，次年 3 月調第 17 方面軍第 58 軍駐防濟州島。

20. 第 112 師團

1944 年 7 月以關東軍第 9 獨立守備隊組建，轄步兵第 246、247、248 聯隊及野炮兵第 112 聯隊等，師團長中村次喜藏，隸屬第 3 軍駐琿春，遠東戰役與蘇軍交戰。

21. 第 119 師團

1944 年 10 月以第 8 國境守備隊與第 23 師團留守人員在海拉爾組建，轄步兵第 253、254、255 聯隊及野炮兵第 119 聯隊等，師團長鹽澤清宣，隸屬

關東軍第 4 軍。遠東戰役時 8 月 15 日與蘇軍有短暫交戰。

22. 第 120 師團

1944 年 11 月以關東軍第 8 國境守備隊人員組建，轄步兵第 259、260、261 聯隊及炮兵隊等，師團長柳川真一，次年 3 月調第 17 方面軍駐漢城，沒有作戰經歷。

23. 第 121 師團

1945 年 1 月在滿洲以第 28 師團留守人員組建，轄步兵第 262、263、264 聯隊及野炮兵第 121 聯隊等，師團長正井義人，3 月調第 58 軍駐濟州島，沒有作戰經歷。

24. 第 122 師團

1945 年 1 月在滿洲組建，轄步兵第 265、266、267 聯隊及野炮兵第 124 聯隊等，師團長赤鹿理，直屬第 1 方面軍駐防牡丹江，遠東戰役與蘇軍有短暫交戰。

25. 第 123 師團

1945 年 1 月以關東軍獨立混成第 73 旅團為基幹組建，轄步兵第 268、269、270 聯隊及野炮兵第 123 聯隊等，師團長北澤貞治郎，隸屬關東軍第 4 軍，駐防黑龍江孫吳，8 月 15 日與蘇聯遠東第 2 方面軍有局部交戰。

26. 第 124 師團

1945 年 1 月在滿洲組建，轄步兵第 271、272、273 聯隊及野炮兵第 116 聯隊等，師團長椎名正健，隸屬第 1 方面軍第 5 軍駐防穆稜，遠東戰役最早接戰，2300 人戰死。

27. 第 125 師團

1945 年 1 月在黑河以法別拉第 13 國境守備隊與第 57 師團留守人員組建，轄步兵第 274、275、276 聯隊（第 275 聯隊由第 13 國境守備隊改建）及野炮兵第 125 聯隊等，師團長今利龍雄，5 月調通化隸屬第 3 方面軍第 30 軍。

28. 第 126 師團

1945 年 1 月以密山第 12 國境守備隊與第 25 師團留守人員組建，轄步兵第 277、278、279 聯隊及野炮兵第 126 聯隊等，師團長野溝式彥，隸屬第 1 方面軍第 5 軍駐防八面通，遠東戰役發起後退守掖河。

29. 第 127 師團

1945 年 1 月以琿春第 9 國境守備隊人員為基幹組建，轄步兵第 280、281、282 聯隊及野炮兵第 127 聯隊等，師團長古賀龍太郎，隸屬第 1 方面軍第 3 軍駐延吉。

30. 第 128 師團

1945 年 1 月在滿洲組建，轄步兵第 283、284、285 聯隊及野炮兵第 128 聯隊等，師團長水原義重，隸屬第 1 方面軍第 3 軍駐防羅子溝，8 月 14 日與蘇軍激戰，遭受打擊後退往二線陣地。

31. 第 134 師團

1945 年 7 月以鳳翔第 14 國境守備隊、富錦駐屯隊、獨立混成第 78 旅團人員組建，轄步兵第 365、366、367 聯隊及野炮兵第 134 聯隊等，師團長井關仭預備役中將，直屬第 1 方面軍駐防黑龍江方正。

32. 第 135 師團

1945 年 7 月以關東軍第 2、4 國境守備隊、獨立混成第 77 旅團人員組建，轄步兵第 368、369、370 聯隊及野炮兵第 135 聯隊等，師團長人見與一預備役中將，隸屬第 1 方面軍第 5 軍駐防牡丹江七星，遠東戰役發起後相繼退守掖河、牡丹江西。

33. 第 136 師團

1945 年 7 月在滿洲組建，轄步兵第 371、372、373 聯隊及野炮兵第 136 聯隊等，師團長中山惇預備役中將，直屬第 3 方面軍駐防瀋陽。

34. 第 137 師團

1945 年 7 月在滿洲組建，轄步兵第 374、375、376 聯隊及野炮兵第 137 聯隊等，師團長秋山義兌預備役中將，調北部朝鮮定平、隸屬第 34 軍。

35. 第 138 師團

1945 年 7 月在撫順組建，轄步兵第 377、378、379 聯隊及野炮兵第 138 聯隊等，師團長山本務預備役中將，隸屬第 3 方面軍第 30 軍，終戰時組建尚未完成，實有兵員 7400。

36. 第 139 師團

1945 年 7 月以關東軍第 77、79、80 兵站警備隊人員組建，轄步兵第 380、381、382 聯隊及野炮兵第 139 聯隊等，師團長富永恭次預備役中將，直屬第

1 方面軍駐防敦化。

37. 第 148 師團

1945 年 7 月以關東軍第 62 兵站警備隊為基幹組建，轄步兵第 383、384、385 聯隊及野炮兵第 148 聯隊等，從未指揮過作戰部隊的通信專家末光元廣任師團長，隸屬第 3 方面軍第 30 軍駐防長春。

38. 第 149 師團

1945 年 7 月以關東軍第 74 兵站警備隊為基幹組建，轄步兵第 386、387、388 聯隊及野炮兵第 149 聯隊等，隸屬第 4 軍駐防齊齊哈爾，遠東戰役時退守哈爾濱。陸士 18 期的佐佐木到一預備役中將被召集任師團長，是終戰時資歷最老的師團長。

終戰時關東軍在中國東北 22 個師團：第 39、63、79、107、108、112、117、119、122～128、134～136、138、139、148、149 師團。

附：未投入侵華戰場的 23 個師團與終戰時師團分布

戰爭期間日本陸軍 123 個師團投入海外戰場（包括日本北方即北海道、南庫頁島、千島群島），其中未投入侵華戰場的 23 個師團及終戰所在地是：特魯克群島第 52 師團，塞班島第 43 師團（覆沒），菲律賓第 30、100、102、103、105 師團，小笠原群島第 109 師團（Ⅱ），緬甸第 31、49、53、54 師團，馬來第 46、94 師團，印度支那第 55 師團，朝鮮第 96、150、160、320 師團，日本北方第 42、88、89、91 師團。

戰爭初期第 109、114 師團於 1939 年復員撤銷，第 101、106、108 師團於 1940 年復員撤銷。1944 年第 29、43 師團在馬里亞納作戰覆沒撤銷番號，1945 年第 24、62 師團在沖繩島作戰覆沒撤銷番號，至終戰時實有 164 個師團。終戰時日本陸軍兵員 550 萬，其中在海外有 240 萬。在緬甸、菲律賓、新幾內亞、所羅門群島、俾斯麥群島、馬魯古群島、中太平洋各島、日本西南諸島作戰遭受打擊而殘缺不全甚至瀕臨潰散的諸多師團，因番號尚存均包括在 164 個師團之內。

164 個師團中有 50 個「本土師團」，又第 11、25、57 師團於 1945 年 3 月從關東軍調回本土，日本戰敗投降時在海外戰場（包括日本北方）有 111 個陸軍師團，其分布是：

日本北方第 5 方面軍 5 個師團；

中國派遣軍 26 個師團；

關東軍中國東北 22 個師團、朝鮮 9 個師團；

第 10 方面軍臺灣 5 個師團、日本西南諸島 1 個師團；

小笠原兵團 1 個師團；

中太平洋第 31 軍 1 個師團；

所羅門群島、俾斯麥群島第 8 方面軍 3 個師團；

南方軍 38 個師團，計有緬甸方面軍 6 個師團、馬來第 7 方面軍 4 個師團、菲律賓第 14 方面軍 12 個師團、泰國第 18 方面軍 4 個師團、澳北西部新幾內亞第 2 軍 4 個師團、東部新幾內亞第 18 軍 3 個師團、法屬印支第 38 軍 4 個師團、帕勞地區集團 1 個師團。

第 8 章　關內戰場日軍獨立旅團級部隊

日本陸軍部隊基本作戰單位的編制類型多，不僅師團分為幾類，還有規模次於師團的多種類型獨立作戰單位，這與其作戰地域廣大、作戰時間長、作戰任務各異有關。

日本陸軍步兵部隊三類不同的旅團

（一）獨立混成旅團與獨立步兵旅團

獨立混成旅團建制始於 1934 年 3 月，獨立步兵旅團建制始於 1944 年 2 月。獨立步兵旅團僅存於中國派遣軍序列，而獨立混成旅團分布於全日本陸軍。

獨立混成旅團、獨立步兵旅團與師團處同一指揮層級，同受軍司令部指揮或直屬方面軍。

獨立混成旅團相當於小型師團。旅團長少將軍銜（早期個別老資格旅團長為中將）。師團作為主力戰術單位由日軍大本營在各戰場間調配使用，獨立混成旅團極少跨總軍調動。

獨立混成旅團司令部編制 27 人。獨立混成旅團一般轄 5 個獨立步兵大隊，每大隊 3 個步兵中隊 1 個機槍中隊，共 810 人、40 匹馬。每中隊 3 個步兵小隊 1 個機槍小隊、重機槍 2 挺。旅團直轄炮兵隊（620 人，包括 2 個山炮中隊、94 式 75 毫米山炮 12 門，1 個野炮中隊、95 式 75 毫米野炮 6 門）、騎兵隊、工兵隊（167 人）、通信隊（175 人）、輜重兵隊，旅團編制約 5500 人。

有些加強編制的獨立混成旅團配有大隊屬炮兵，後期獨立步兵大隊有增加至
4 個步兵中隊 1 個機槍中隊者，旅團官兵總數亦達 6000～7000。

　　1944 年初頒發「獨立步兵旅團」編制：旅團長少將軍銜，由旅團司令部、
4 個獨立步兵大隊、通信隊組成，編制 5985 人。獨立步兵大隊轄通信班、4 個
步兵中隊、1 個機槍中隊、1 個步兵炮中隊。步兵中隊轄 3 個步兵小隊、2 挺
直屬機槍，機槍中隊有 4 挺重機槍，步兵炮中隊有大隊炮（92 式 70 毫米步兵
炮）2 門、聯隊炮（41 式 75 毫米山炮）2 門。

　　日軍投降繳械時，獨立步兵旅團與獨立混成旅團清點人數實例：

　　第 13 軍獨立混成第 89 旅團（上海真如）7276 人、獨立混成第 90 旅團
（江蘇南通）2000 人，第 11 軍獨立混成第 22 旅團（湖北武穴）4101 人，第
6 方面軍獨立混成第 84 旅團（江西彭澤）7018 人、獨立步兵第 7 旅團（江西
吳城）5349 人，第 20 軍獨立混成第 81 旅團（湖南湘潭）7300 人、獨立混成
第 82 旅團（湖南新牆河）7000 人，獨立混成第 87 旅團（江西都昌）3085 人。

　　獨立步兵旅團與獨立混成旅團比較，兵員數相差不多，重要差別是獨立
步兵旅團配置火力較弱，兵源也較差。對此中文資料常有混淆，1945 年 9 月
5 日中國陸軍總司令部致岡村寧次備忘錄《中字第 20 號》重新公布中國戰區
各地區受降主官、日軍投降代表與投降部隊番號表，其中將臺灣第 10 方面軍
的 6 個「獨立混成旅團」全部誤為「獨立步兵旅團」。9 月 8 日岡村寧次回覆
中國陸總的《支總涉第 12 號》備忘錄請求將其改正。但作為歷史文件的中國
陸總 9 月 5 日備忘錄仍保留原樣又未加注解，致使以後的轉引者還是一直錯
下去。

（二）步兵旅團

　　所謂「步兵旅團」是指師團所屬的旅團，非獨立單位，旅團長少將。步
兵旅團建制始於 1885 年，比師團建制還早三年。截至 1915 年，第 1～20 師
團轄步兵第 1～40 旅團，近衛師團轄近衛步兵第 1、2 旅團。1925 年 5 月執
行「大正軍縮」計劃第 3 輪，撤銷第 13、15、17、18 師團與步兵第 17、20、
23、25、26、31、34、35 旅團。

　　全面侵華戰爭期間的步兵旅團分前期、後期兩種類型。戰爭前期 17 個常
設師團與 10 個特設師團下屬的步兵旅團（包括恢復 1925 年撤銷的步兵第 23、
25、26、31、35 旅團番號，新增 15 個步兵旅團番號）轄兩聯隊六步兵大隊，
這 54 個前期步兵旅團的番號是：

近衛步兵第 1、2 旅團，步兵第 1～40 旅團（缺號 17、20、34），步兵第 101、102、103、104、107、108、111、118、119、127、128、130、132、133、136 旅團。

1939 年 10 月開始對原有兩旅團四聯隊師團改編，撤銷步兵旅團司令部、抽出一個步兵聯隊。加上第 101、106、108、109、114 師團撤編，到 1943 年初這 54 個步兵旅團都廢止。

第二類步兵旅團建制始於 1942 年 2 月，相繼編組 25 個新型兩旅團制師團（中國關內 20 個、菲律賓 4 個、千島群島 1 個），其步兵旅團轄 4 個獨立步兵大隊，旅團長軍銜有降至大佐者。這 50 個後期步兵旅團番號是：

步兵第 51～102 旅團（缺號 65、68，步兵第 101、102 旅團番號係第 2 次使用）。

第 62 師團及所轄步兵第 63、64 旅團在沖繩島戰敗覆沒而撤銷。終戰時全日本陸軍存 48 個師團屬步兵旅團，其中 32 個在中國關內戰場，16 個在菲律賓。

關內戰場 37 個獨立混成旅團

1. 獨立混成第 1 旅團

1934 年 3 月在日本由第 1、2、5、6、9、11、12 師團與近衛師團抽調人員編成的合成機械化部隊，其概念不同於 1938 年 2 月後的獨立混成旅團。轄獨立步兵第 1 聯隊（配備 94 式 6 輪卡車的摩托化步兵，有 94 式輕裝甲車 17 輛、92 式步兵炮 4 門、94 式 37 毫米速射炮 6 門，授予騎兵聯隊旗）、戰車第 3、4 大隊（89 式中戰車 71 輛、94 式輕裝甲車 55 輛）及獨立野炮兵第 1 大隊（90 式 75 毫米野炮 12 門），歷任旅團長藤田進、篠冢義男、酒井鎬次、安岡正臣，當年編入關東軍駐公主嶺。1937 年 7 月 11 日日本內閣正式決定向中國派兵，獨立混成第 1 旅團奉命入列中國駐屯軍，28 日參加攻佔北平，8 月 16 日起由關東軍察哈爾派遣兵團指揮、參加攻佔大同，10 月 13 日攻入綏遠省會歸綏。後調回關東軍，1938 年 8 月撤銷。

2. 獨立混成第 1 旅團 II

1939 年 7 月在河北另組，轄獨立步兵第 72～76 大隊，直屬華北方面軍駐防邯鄲，擔任順德、安陽一線警備，歷任旅團長谷口吳朗、鈴木貞次、小松崎力雄。原熊本陸軍幼年學校長小松崎力雄任職始於 1942 年 8 月，是獨立混

成旅團長任職時間最長的。

　3. 獨立混成第 2 旅團

　　1938 年 2 月在北平編成，轄獨立步兵第 1～5 大隊，隸屬駐蒙軍駐防張家口，歷任旅團長常岡寬治、上野龜甫、阿部規秀、人見與一、真野五郎、松浦豐一、渡邊渡、湯野川龍郎（日本宣布投降後由永松實一大佐代理旅團長，原因不明）。遠東戰役時與蘇、蒙軍交戰，日本宣布投降後隨駐蒙軍司令部退至平津，後在沙河鎮繳械。

　4. 獨立混成第 3 旅團

　　1938 年 2 月在北平西苑以關東軍國境守備隊，第 5、11 師團人員編成，轄獨立步兵第 6～10 大隊，歷任旅團長佐佐木到一、柳下重治、吉澤忠男、長野祐一郎、毛利末廣、小原一明、山田三郎。徐州作戰在豫北魯西擔任警戒，後調入第 1 軍先後駐防河北順德、山西崞縣（今原平），1944 年豫中作戰時主力隨第 69 師團進入河南策應，7 月返回崞縣。

　5. 獨立混成第 4 旅團

　　1938 年 2 月在河北編成，轄獨立步兵第 11～15 大隊，徐州會戰在豫北魯西擔任警戒，後編入第 1 軍先後駐防河北平定、山西陽泉，擔任正太鐵路警備。1943 年 5 月擴編為第 62 師團，歷任旅團長河村董、百武晴吉、片山省太郎、津田美武、中島德太郎。

　6. 獨立混成第 5 旅團

　　1938 年 2 月在天津編成，轄獨立步兵第 16～20 大隊，隸屬第 2 軍參加徐州作戰，後隸屬第 12 軍駐濟南擔任膠濟鐵路警備，1939 年 9 月移駐青島。1945 年 10 月 25 日在青島向美國海軍第 6 陸戰師師長謝伯爾少將投降，歷任旅團長秦雅尚、秋山義兌、關原六、內田銀之助、長野榮二。

　7. 獨立混成第 6 旅團

　　1939 年 1 月在山東莒縣編成隸屬第 12 軍就地駐防，轄獨立步兵第 21～25 大隊，後移駐張店，1943 年 5 月撤銷，人員參與組建第 62、63 師團。旅團長土屋兵馬、山田鐵二郎、磐井虎二郎、奧村半二。

　8. 獨立混成第 7 旅團

　　1939 年 1 月在天津編成，轄獨立步兵第 26～30 大隊，隸屬華北方面軍第 12 軍駐山東惠民。1944 年 3 月參加豫中作戰，7 月擴編為第 115 師團。旅

團長水原義重、稻川直衛、林芳太郎、秋山義隆、多賀哲四郎。

9. 獨立混成第 8 旅團

1939 年 1 月在河北正定編成，轄獨立步兵第 31～35 大隊，直屬華北方面軍，1942 年 4 月駐防順德，1943 年 7 月移駐唐山擔任冀東警備，1945 年 7 月移駐古北口擔任對蘇蒙警戒，歷任旅團長瀨川四郎、水原義重、吉田峰太郎、竹內安守。

10. 獨立混成第 9 旅團

1939 年 2 月在太原編成，轄獨立步兵第 36～40 大隊，隸屬第 1 軍，後直屬華北方面軍駐防大沽，再編入第 1 軍駐太原，參加 1941 年 4 月中條山作戰，12 月調第 11 軍參加第 3 次長沙作戰、擔任武漢地區警備，1942 年 2 月調回華北第 1 軍，駐防德縣擔任石德鐵路警備，後直屬華北方面軍駐天津。歷任旅團長越生虎之助、麥倉俊三郎、池上賢吉、岩永汪、雨宮巽、藤岡武雄、的野憲三郎。

11. 獨立混成第 10 旅團

1939 年 1 月在濟南編成，轄獨立步兵第 41～45 大隊，隸屬第 12 軍駐鄒縣，1942 年 2 月在泰安擴編為第 59 師團。旅團長水野信、河田槌太郎、大熊貞雄。

12. 獨立混成第 11 旅團

1934 年 10 月在日本由第 1、2、4、11、14 師團與近衛師團抽調人員編成，轄獨立步兵第 11、12 聯隊及獨立騎兵第 11 聯隊、獨立野炮兵第 11 聯隊、獨立山炮兵第 12 聯隊等，當年入列關東軍。七七事變後派往平津入列中國駐屯軍，28 日參與攻佔北平、南口，旅團長川岸文三郎、鈴木重康。1937 年 9 月擴編為第 26 師團。

13. 獨立混成第 11 旅團 II

1939 年 1 月在浙江另組，轄獨立步兵第 46～50 大隊，直屬華中派遣軍駐嘉興，後隸第 13 軍，1942 年 2 月在蘇州擴編為第 60 師團。旅團長富士井末吉、高橋重三、堤三樹男。

14. 獨立混成第 12 旅團

1939 年 1 月在江蘇蘇州編成，轄獨立步兵第 51～55 大隊，直屬華中派遣軍，擔任滬京、京蕪鐵路警備，後隸第 13 軍駐泰縣，1943 年 5 月在揚州擴

編為第 64 師團。旅團長丸山定、南部襄吉。

15. 獨立混成第 13 旅團

1939 年 1 月在安徽淮南編成，轄獨立步兵第 56～60 大隊，直屬華中派遣軍駐廬州，1943 年 5 月擴編為第 65 師團。旅團長尾崎義春、山村治雄、赤鹿理、早渕四郎。

16. 獨立混成第 14 旅團

1939 年 1 月在江西九江編成隸屬第 11 軍，轄獨立步兵第 61～65 大隊，第 3 次長沙作戰擔任牽制，1942 年 2 月在九江擴編為第 68 師團。旅團長藤堂高英、中山惇、吉川喜芳。

17. 獨立混成第 15 旅團

1939 年 7 月在北平編成，轄獨立步兵第 77～81 大隊，直屬華北方面軍駐防北平，1943 年 5 月擴編為第 63 師團。旅團長南雲親一郎、長谷川美代治、田中勤、田中信男。

18. 獨立混成第 16 旅團

1939 年 11 月在山西汾陽編成，轄獨立步兵第 82～86 大隊，隸屬第 1 軍，1941 年 4 月參加中條山作戰，次年 2 月在汾陽擴編為第 69 師團。旅團長村井俊雄、若松平治。

19. 獨立混成第 17 旅團

1939 年 11 月在上海編成，轄獨立步兵第 87～91 大隊，隸屬第 13 軍駐松江、上海。1942 年浙贛作戰期間隨第 70 師團出戰，8 月調往岳州隸屬第 11 軍。1943 年參加監利—華容作戰、鄂西作戰。1944 年直屬第 6 方面軍，先後駐防咸寧、岳州。旅團長長谷川正憲、楠山秀吉、田上八郎、高品彪、岸川健一、谷實夫。谷實夫（陸士 16）1932 年晉升少將，1935 年入預備役，1945 年 3 月 65 歲召集任現職，是資格最老的獨立混成旅團長。

20. 獨立混成第 18 旅團

1939 年 11 月在江西安義編成，轄獨立步兵第 92～96 大隊，隸屬第 11 軍駐九江，1942 年 2 月在湖北應城擴編為第 58 師團。歷任旅團長萱島高、堤不夾貴。

21. 獨立混成第 19 旅團

1940 年 12 月在汕頭編成，轄獨立步兵第 97～101 大隊，編入華南方面

軍，後隸屬第 23 軍駐防潮州、汕頭，1945 年 2 月在汕頭撤銷，人員併入新組建的第 129、130 師團。旅團長遠藤春山、松井貫一、中村次喜藏、近藤新八。

22. 獨立混成第 20 旅團

1940 年 12 月在上海編成，轄獨立步兵第 102～105 大隊，編入第 11 軍駐防南昌。1941 年 3 月參加上高作戰，擔任南路攻擊。1941 年 10 月東調第 13 軍接替第 5 師團駐防寧波，次年 2 月就地擴編為第 70 師團。旅團長池田直三、野副昌德。

23. 獨立混成第 22 旅團

1942 年 12 月在廣東編成，包括獨立步兵第 125～127 大隊，以及第 1 獨立步兵隊派駐海南島的獨立步兵第 66、70、71 大隊，旅團長米山米鹿，入列第 23 軍駐防中山（駐海南島部稱海口支隊），1944 年參加桂柳作戰後隸屬第 11 軍，駐防桂平地區，日本宣布投降後從廣西全縣撤至湖北武穴繳械。

24. 獨立混成第 23 旅團

1943 年 1 月在臺灣編成，轄獨立步兵第 128～130、247、248 大隊，旅團長長渡左近、下河邊憲二，編入第 23 軍駐遂溪，後登陸雷州半島西營（今湛江霞山區）接收法國殖民地，1944 年 8 月參加桂柳作戰（留駐西營部隊稱雷州支隊），1945 年 1 月主力駐防海南島，獨立步兵第 70 大隊編入，5 月撤出海南島駐佛山。

25. 獨立混成第 62 旅團

1944 年 7 月以第 13 軍乙支隊編成，轄獨立步兵第 410～414、625 大隊，旅團長長嶺喜一、安藤忠雄。10 月攻陷福州，1945 年 5 月退縮至松江。下屬獨立步兵第 413 大隊駐守金門擴編為獨立混成第 31 聯隊（德本光信）編入第 23 軍，7 月撤回大陸後駐廣東寶安。

26. 獨立混成第 81 旅團

1945 年 2 月以第 1 野戰補充隊在湖南湘潭編成，轄獨立步兵第 484～488 大隊，隸屬第 20 軍，旅團長專田盛壽，芷江作戰擔任警戒。

27. 獨立混成第 82 旅團

1945 年 2 月以第 2 野戰補充隊在湖南株洲編成，轄獨立步兵第 489～493 大隊，隸屬第 20 軍，芷江作戰擔任警戒，戰後移駐新牆河，旅團長櫻庭子郎。

28. 獨立混成第 83 旅團

1945 年 2 月以第 5 野戰補充隊在漢口編成，轄獨立步兵第 494～498 大隊，擔任武漢地區警備，戰後移駐黃陂，旅團長田鹽鼎三。

29. 獨立混成第 84 旅團

1945 年 2 月以第 9 野戰補充隊在九江編成就地駐防，轄獨立步兵第 499～503 大隊，旅團長中尾小六，直屬第 6 方面軍。

30. 獨立混成第 85 旅團

1945 年 2 月以第 10 野戰補充隊在湖北應城編成就地駐防，轄獨立步兵第 504～508 大隊，旅團長松井節，直屬第 6 方面軍。

31. 獨立混成第 86 旅團

1945 年 4 月在湖南寶慶編成接替第 116 師團，轄獨立步兵第 509～513 大隊，隸屬第 20 軍，芷江作戰後移駐永豐。旅團長上野源吉 1946 年 1 月 16 日在湖北嘉魚病死，佃利平大佐代理。

32. 獨立混成第 87 旅團

1945 年 4 月在湖南衡陽編成，轄獨立步兵第 514～518 大隊，隸屬第 11 軍，駐防郴州擔任粵漢鐵路警備，戰後移九江，旅團長小山義巳。

33. 獨立混成第 88 旅團

1945 年 2 月在廣西全縣以第 13、34 師團抽調人員、裝備編成，轄獨立步兵第 519～523 大隊，隸屬第 11 軍，旅團長皆藤喜代志，日本宣布投降後從廣西全縣退縮至湖北金口。

34. 獨立混成第 89 旅團

1945 年 2 月以甲支隊在溫州編成，轄獨立步兵第 524～528 大隊，旅團長梨岡壽男，6 月從溫州退縮至奉化隸屬第 6 軍，遠東戰役發起後緊急調上海。

35. 獨立混成第 90 旅團

1945 年 2 月以第 4 野戰補充隊在揚州編成，轄獨立步兵第 626～630 大隊，旅團長山本源右衛門，隸屬第 13 軍，戰後在鎮江繳械。

36. 獨立混成第 91 旅團

1945 年 2 月以第 11 野戰補充隊餘部為基幹在寧波編成，轄獨立步兵第 631～635 大隊，旅團長宇野節，隸屬第 6 軍。

37. 獨立混成第 92 旅團

1945 年 2 月以第 12 野戰補充隊在大同編成，轄獨立步兵第 615～619 大隊，隸屬駐蒙軍，旅團長瓦田隆根。調第 12 軍接替第 115 師團擔任平漢鐵路警備，一部參加老河口作戰，之後轉調第 13 軍擔任徐州地區警備尚未執行，留置河南郾城（今漯河）至終戰。

戰爭期間日本陸軍總計有 126 個獨立混成旅團。派往海外戰場的 102 個獨立混成旅團有 24 個擴編或改制為師團（其中中國派遣軍占 14 個），5 個撤銷。終戰時海外戰場 73 個獨立混成旅團分布：

日本北方第 5 方面軍 2 個；

中國派遣軍 22 個；

關東軍中國東北 8 個、朝鮮 3 個；

第 10 方面軍臺灣 7 個、日本西南諸島 3 個；

中太平洋第 31 軍 3 個；

所羅門群島、俾斯麥群島第 8 方面軍 3 個；

南方軍共 22 個，計有緬甸方面軍 3 個、馬來第 7 方面軍 8 個、菲律賓第 14 方面軍 3 個、泰國第 18 方面軍 1 個、澳北西部新幾內亞第 2 軍 2 個、婆羅洲第 37 軍 2 個、法屬印度支那第 38 軍 1 個、帕勞地區集團 2 個。

中國駐屯混成旅團與臺灣混成旅團

中國駐屯混成旅團、臺灣混成旅團是以地名命名的獨立混成旅團。

1. 中國駐屯混成旅團

1936 年 4 月在中國駐屯軍序列組建中國駐屯步兵旅團，原北平駐屯步兵隊（1909.12 組建）、天津駐屯步兵隊（1914.9 組建）改編為中國駐屯步兵第 1、2 聯隊。1937 年 7 月 28 日參加攻佔北平，8 月中國駐屯步兵旅團改編為中國駐屯混成旅團，隸屬第 1 軍，旅團長河邊正三、山下奉文。1938 年 2 月再改編為中國駐屯兵團隸屬華北方面軍，參加徐州作戰，6 月擴編為第 27 師團。

2. 臺灣混成旅團

1937 年 9 月臺灣守備隊派出臺灣步兵第 1、2 聯隊與臺灣山炮兵聯隊等以重藤支隊名義參加淞滬作戰，12 月返回臺灣。1938 年 3 月臺灣守備隊以波田重一支隊番號再赴大陸編入第 11 軍參加武漢作戰，10 月 26 日凌晨攻入武

漢城區，11 月改編為臺灣混成旅團（初時亦稱飯田祥二郎支隊）調華南第 21 軍。1939 年 2 月從萬山群島出發登陸海口攻佔海南島，8 月移駐佛山，11 月在三亞集結出航、登陸欽州灣參加桂南作戰，旅團長飯田祥二郎、鹽田定七、中川廣。1940 年 11 月臺灣混成旅團在海南島合併步兵第 47 聯隊編成第 48 師團。

中國派遣軍 14 個獨立步兵旅團

1941 年始侵華日軍主力師團陸續被抽調南洋，遂以獨立混成旅團擴編、組建兩旅團制師團補充中國關內戰場兵力。部分兩旅團師團後又轉用於機動、野戰任務，1944 年再調集兵源在中國派遣軍序列組建 14 個獨立步兵旅團。獨立步兵旅團多用於佔領地警備，亦有參與軍級野戰行動，其中獨立步兵第 3、4、9 旅團擴編改制為師團。

獨立步兵第 1 旅團

1944 年 2 月在山東滋陽（兗州）編成，轄獨立步兵第 191～194 大隊，擔任津浦鐵路警備，先後隸屬第 12、43 軍，旅團長宮下健一郎、淺見敏彥。

獨立步兵第 2 旅團

1944 年 2 月在河北正定編成，轄獨立步兵第 195～198 大隊，直屬華北方面軍，接替第 110 師團擔任井陘至平漢鐵路警備，旅團長柳川真一、服部直臣。

獨立步兵第 3 旅團

1944 年 2 月在山西汾陽編成，轄獨立步兵第 199～202 大隊，編入第 1 軍，旅團長中代豐治郎，後直屬華北方面軍駐石家莊，擔任石太、石德鐵路警備，7 月在臨汾擴編為第 114 師團。

獨立步兵第 4 旅團

1944 年 2 月在濟南編成，轄獨立步兵第 203～206 大隊，編入第 12 軍，旅團長鈴木啟久，7 月擴編為第 117 師團。

獨立步兵第 5 旅團

1944 年 1 月在宜昌編成，轄獨立步兵第 207～210 大隊，4 月移駐沙市，先後編入第 11 軍、第 34 軍，後直屬第 6 方面軍，參加湘桂作戰外圍行動，旅團長野地嘉平、村上宗治。

獨立步兵第 6 旅團

1944 年 1 月在南京以第 13 軍第 22 師團步兵群司令部及抽調部隊編成，轄獨立步兵第 211～214 大隊，1945 年 1 月移駐安慶接替第 116 師團擔任湖口—蕪湖間長江沿線警備，旅團長多田保、門脅干衛。

獨立步兵第 7 旅團

1944 年 1 月在安慶編成，4 月接替第 34 師團駐防江西吳城、南昌，轄獨立步兵第 215～218 大隊，先後編入第 11 軍、第 34 軍，後直屬第 6 方面軍，一部參加湘桂作戰，旅團長松野尾勝明、生田寅雄。

獨立步兵第 8 旅團

1944 年 2 月以第 104 師團步兵群司令部及抽調部隊編成，轄獨立步兵第 219～222 大隊，步兵群長加藤章任旅團長，編入第 23 軍參加湘桂作戰，後駐防廣東清遠縣擔任粵漢鐵路警備。

獨立步兵第 9 旅團

1944 年 2 月在天津編成，轄獨立步兵第 223～226 大隊，入列第 12 軍，旅團長長嶺喜一。3 月參加豫中洛陽、靈寶作戰，後轉隸第 1 軍，7 月在山西擴編為第 118 師團。

獨立步兵第 10 旅團

1944 年 1 月在哈爾濱以第 28 師團步兵群司令部為基幹編成，轄獨立步兵第 227～230 大隊，旅團長板津直俊，派往山西省平定編入第 1 軍，擔任正太鐵路警備，次年 5 月移駐太原。

獨立步兵第 11 旅團

1944 年 3 月在武漢編成，轄獨立步兵第 231～234 大隊，編入第 11 軍，後直屬第 6 方面軍，接替第 3 師團擔任武漢以北鐵路警備，平漢鐵路作戰時前出至河南省確山，後駐防湖北省應山，旅團長宮下文夫、加藤勝藏。

獨立步兵第 12 旅團

1944 年 2 月在南京編成，轄獨立步兵第 235～238 大隊，先後隸屬第 11 軍、第 34 軍駐湖北咸寧，後直屬第 6 方面軍，旅團長村田孝生、安永篤次郎。

獨立步兵第 13 旅團

1944 年 2 月在廣州以第 23 軍第 104 師團與獨立混成第 19、22、23 旅團抽調人員編成，轄獨立步兵第 239～242 大隊，接替獨立混成第 22 旅團擔任

廣州周邊警備，旅團長落合松二郎、川上護。

獨立步兵第 14 旅團

1944 年 3 月在山西潞安以第 1 軍第 63、69 師團等抽調人員編成，轄獨立步兵第 243～246 大隊，就地駐防，次年 4 月移駐正太鐵路，旅團長吉川喜芳、元泉馨。

中國派遣軍 13 個獨立警備隊

1945 年大本營在「本土決戰」擴充軍備時，下令在中國派遣軍序列陸續編組第 1～7、9～14 獨立警備隊。獨立警備隊轄 6 個獨立警備步兵大隊（番號為獨立警備步兵第 1～78 大隊依次順排）和 1 個作業隊，官兵員額約 5100 人（日軍投降繳械時，第 20 軍第 2 獨立警備隊實有 4800 人），司令官少將軍銜。獨立警備步兵大隊下轄 3 個步兵中隊、1 個機槍中隊（4 挺重機槍）。

在陸軍的指揮體系中，獨立警備隊、獨立步兵旅團、獨立混成旅團都與師團處於同一層次，獨立警備隊火力與兵源質量還要低於獨立步兵旅團。

第 1 獨立警備隊

3 月在南京編成入列第 13 軍，擔任南京地區警備，司令有富治郎，遠東戰役發起後北調，中止於滁州。

第 2 獨立警備隊

4 月在長沙編成入列第 20 軍，司令岡島重敏，芷江作戰時擔任戰場警備，後駐防長沙。

第 3 獨立警備隊

3 月在北平編成入列華北方面軍擔任北平城區警備，司令古賀龍一。

第 4 獨立警備隊

3 月在大同編成，入列駐蒙軍就地駐防，司令阪本吉太郎，日本戰敗投降後其主體在大同附近向中國第 2 戰區繳械。

第 5 獨立警備隊

3 月在運城編成，編入第 1 軍，司令佐久間盛一、原田新一，日本戰敗投降後在山西湯原繳械。

第 6 獨立警備隊

3 月在新鄉編成，編入第 12 軍就地駐防，司令飯田雅雄。

第 7 獨立警備隊

3 月在保定編成駐防，編入華北方面軍，司令岡村勝實。

第 9 獨立警備隊

5 月在濟南編成駐防，編入第 43 軍，司令石川忠夫。

第 10 獨立警備隊

5 月在鄭州編成，先後編入第 43 軍、第 12 軍，司令星善太郎，老河口作戰時前出擔任戰場警備，日本戰敗投降後在鄭州繳械。

第 11 獨立警備隊

5 月在滋陽編成，編入第 43 軍，司令窪田武二郎。

第 12 獨立警備隊

5 月在青島編成就地駐防，先後編入第 12 軍、第 43 軍，司令瀧本一麿，日本戰敗投降後在坊子繳械。

第 13 獨立警備隊

5 月在鄆城編成，編入第 12 軍，司令吉武秀人，老河口作戰時擔任戰場後方警備。

第 14 獨立警備隊

5 月在鄧縣編成，編入第 12 軍，司令大井川八郎，老河口作戰時擔任戰場後方警備，日本戰敗投降後在鄆城繳械。

中國派遣軍第 1 獨立步兵隊、香港防衛隊

二戰日本陸軍獨立步兵隊建制僅此一例。第 1 獨立步兵隊轄獨立步兵第 66～71 大隊及獨立炮兵隊、獨立工兵隊，兵員、火力相當於獨立旅團。第 1 獨立步兵隊歷任隊長藤田與五郎（1939.5.19）、山田習三郎（1940.3.9）、萬城目武雄（1941.1.25）、伊黑清吾（1942.2.9～1942.12.22）。

《中國事變陸軍作戰史》2 卷 2 分冊第 104 頁稱「1939 年 7 月下旬第 21 軍編組了海南島派遣部隊（部隊長第 1 獨立步兵隊長馬淵久之助，以 4 個獨立步兵大隊、山炮一個大隊為基幹）接替臺灣混成旅團負責警備。」為很多中文資料引用，但此說有誤：馬淵久之助的實際經歷是 1938 年 12 月 10 日～1939 年 5 月 19 日任第 18 師團步兵第 56 聯隊長，之後任華中派遣軍附、華南方面軍附、第 22 軍附、留守第 12 師團附，1940 年 4 月 30 日退出現役再

未召集，原因應當是傷病。

第 1 獨立步兵隊派遣部隊於 1939 年 8 月接替臺灣混成旅團進駐海口。1942 年 1 月初華南日軍新組建香港防衛隊，第 1 獨立步兵隊的獨立步兵第 67、68、69 大隊編入香港防衛隊，12 月第 1 獨立步兵隊撤銷，所屬獨立步兵第 66、70、71 大隊編入獨立混成第 22 旅團。

香港防衛隊歷任司令足立重郎、岡田梅吉少將，轄獨立步兵第 67、68、69 大隊，炮兵隊等。

野戰補充隊、後備步兵群

1943 年設置野戰補充隊，隊長少將軍銜。參照獨立混成旅團建制，轄 3～5 個獨立步兵大隊及炮兵隊、通信隊、輜重兵隊，1945 年全部改編為獨立混成旅團，其步兵大隊改稱全軍統一編號的獨立步兵大隊。

第 1 野戰補充隊

1944 年 2 月編成，隸屬第 11 軍，隊長森村經太郎，參加長衡作戰，10 月編入第 20 軍駐湘潭，1945 年 3 月改制為獨立混成第 81 旅團。

第 2 野戰補充隊

1944 年 2 月編成，隸屬第 11 軍，隊長橫山臣平、小原禮藏（1944.6.723 期），8 月直屬第 6 方面軍，1945 年編入第 20 軍，3 月在株洲改制為獨立混成第 82 旅團。

第 4 野戰補充隊

1944 年 2 月編成，隊長山本源右衛門，隸屬第 13 軍駐揚州，1945 年 2 月改制為獨立混成第 90 旅團。

第 5 野戰補充隊

1944 年 2 月在本土編成，3 月隸屬第 11 軍，隊長田鹽鼎三，擔任武漢警備，1945 年 2 月改制為獨立混成第 83 旅團。

第 9 野戰補充隊

1944 年 2 月富拉爾基編成，隊長中尾小六，隸屬第 11 軍駐九江，1945 年 8 月 4 日改制為獨立混成第 84 旅團。

第 10 野戰補充隊

1944 年 2 月牡丹江編成，隸屬第 11 軍駐湖北應城，隊長松井節，1945

年 3 月改制為獨立混成第 85 旅團。

第 11 野戰補充隊

1944 年 2 月編成，隊長岩本高次、宇野節，隸屬第 13 軍駐寧波，5 月組成岩本支隊入湖南作戰，先後編入第 11、20 軍，1945 年 2 月在韶關擴編為第 131 師團（岩本高次任下屬步兵第 95 旅團長），同時以第 11 野戰補充隊餘部為基幹在寧波編成獨立混成第 91 旅團。

第 12 野戰補充隊

1944 年 2 月編成，隊長瓦田隆根，隸屬華北方面軍，參加打通平漢鐵路作戰，7 月調入駐蒙軍駐歸綏，1945 年 2 月在大同改制為獨立混成第 92 旅團。

另有第 6、7 野戰補充隊分別派往菲律賓、泰國，第 3、8 野戰補充隊不詳。

據《東史郎日記》記載，野戰補充隊以新兵源編成。東史郎生於 1912 年，1933 年 1 月～1934 年 11 月在本土步兵第 20 聯隊服現役，升為上等兵。1937 年 9 月被徵召加入第 16 師團步兵第 20 聯隊派往中國，此時東史郎應當還在預備役期。1939 年 11 月東史郎復員，1940 年 4 月轉入後備役，9 月升為兵長。1944 年 3 月 32 歲的東史郎以後備役身份被徵召，加入本土第 53 師團步兵第 128 聯隊候補隊（該聯隊是 1941 年由第 16 師團留守人員編成，但早在 1938 年已由第 16 師團留守人員編成第 116 師團且一直在中國關內作戰，第 128 聯隊只能算作第 16 師團的第三代），再調入第 4 野戰補充隊步兵第 2 大隊派往中國揚州，8 月升為伍長。1945 年 2 月第 4 野戰補充隊改制為獨立混成第 90 旅團時，東史郎調入由第 11 野戰補充隊改編的獨立混成第 91 旅團獨立步兵第 633 大隊，8 月晉升軍曹。

1937 年淞滬作戰、南京作戰期間第 10 軍編成內有第 1 後備步兵群，轄近衛師團後備步兵第 1～4 大隊、第 3 師團步兵第 1～2 大隊；第 2 後備步兵群，轄第 2 師團後備步兵第 1～4 大隊、第 3 師團步兵第 3～4 大隊，擔任警備任務。上海派遣軍編成內有第 6 師團步兵第 1～4 大隊、第 7 師團步兵第 5～6 大隊、第 11 師團步兵第 1～4 大隊，未組建為後備步兵群。

1945 年初派往華南地區的波潮部隊、波香部隊、波雷部隊，分別轄 3～4 個步兵大隊及炮兵隊、通信隊、輜重兵隊，預定用於在潮汕、香港、雷州半島組建新部隊。

　　獨立混成聯隊是日本陸軍在島嶼作戰環境編組的獨立部隊，主要部署在太平洋戰場，中國戰場只有獨立混成第 31 聯隊：第 13 軍獨立混成第 62 旅團下屬獨立步兵第 413 大隊駐守金門島，1945 年擴編為獨立混成第 31 聯隊編入第 23 軍，聯隊長德本光信大佐，7 月撤往廣東寶安。

第9章　關東軍獨立旅團級部隊

關東軍獨立守備隊

關東軍長期佔據中國東北，下屬諸多獨立守備隊、國境守備隊、駐屯隊均擔任地域防守任務。1944 年日軍頹勢日顯，被迫將部隊進行野戰化整編以準備應付機動作戰，獨立守備隊、國境守備隊、駐屯隊相繼被撤銷、改編。

1909 年日軍在中國東北佔領地組建獨立守備隊，1933 年改稱關東軍第 1 獨立守備隊，相繼組建第 1～9 獨立守備隊。太平洋戰爭期間馬來、荷屬東印度、菲律賓等日軍佔領地有南方軍序列第 10～18 獨立守備隊。獨立守備隊轄 6 個獨立守備步兵大隊和 1 個作業隊，司令少將軍銜。

第 1 獨立守備隊

1909 年組建獨立守備隊，九一八事變時駐公主嶺，下屬獨立守備步兵第 2 大隊駐瀋陽，是柳條湖事件主犯。1933 年改稱第 1 獨立守備隊，1944 年 7 月改編為第 101 警備司令部（一年後再改編為獨立混成第 133 旅團）。九一八事變始歷任司令森連、井上忠也、三毛一夫、園部和一郎、岩松義雄、阪井德太郎、渡邊直知、越生虎之助、山內正文、國分新七郎、石野芳男。

第 2 獨立守備隊

1933 年 12 月組建，駐新京，歷任司令佐藤三郎、尾高龜藏、小松原道太郎、三浦敏事、野副昌德、池田直三、伊集院兼信。1944 年 5 月調中太平洋特魯克島改編為獨立混成第 51 旅團。

第 3 獨立守備隊

1933 年 12 月組建駐昂昂溪，1943 年 11 月改編成海上機動第 1 旅團。司令武田秀一、兒玉友雄、大串敬吉、浜本喜三郎、山田栫二、宮澤齊四郎、丸山政男、岩佐俊、西田祥實。

第 4 獨立守備隊

1934 年組建駐牡丹江，司令清水喜重、小林角太郎、齋藤彌平太、田邊松太郎、黑田重德、山縣業一、山崎三子次郎、宇野通雄、桂朝彥，1943 年 11 月調北海道改編為第 31 警備司令部（1945 年 2 月再改編為獨立混成第 101 旅團）。

第 5 獨立守備隊

1936 年 4 月組建駐哈爾濱，1943 年 11 月主要兵力參與組建海上機動第 2 旅團，餘部於 1944 年 7 月改編第 102 警備司令部。司令安藤利吉、安井藤治、田邊松太郎、大迫通貞、森本伊市郎、橫田豐一郎、笠原嘉兵衛。

第 6 獨立守備隊

1939 年 8 月組建駐東安，司令中代豐治郎、岸川健一、渡邊勝、宇部四雄，1945 年 7 月改編為獨立混成第 131 旅團。

第 7 獨立守備隊

1939 年 8 月組建於佳木斯，司令岩永汪、山村治雄、鬼武五一，1944 年 5 月改編為富錦駐屯隊（次年 7 月再併入新建第 134 師團）。

第 8 獨立守備隊

1939 年 8 月組建駐北安，司令淺川喜保、宮下文夫、新美二郎，1944 年 12 月撤銷。

第 9 獨立守備隊

1940 年 8 月組建於承德，司令福井浩太郎、柏德、安藤忠一郎，1944 年 7 月擴編為第 108 師團。

關東軍國境守備隊與駐屯隊

根據 1933 年的關東軍《對蘇作戰綱領》，參謀本部作戰課長鈴木率道炮兵大佐主持制定中國東北築城工程計劃，從 1934 年開始關東軍參謀部第 2 特別班（關東軍築城部之前身）督造修築 17 處大型邊境工事。形式上分為 14

處築壘地域與 3 處守備陣地，分別成立 14 個國境守備隊與 3 個駐屯隊。築壘地域以地下工事為主，有可容納數千人員的空間。守備陣地由地堡、塹壕、野戰工事、營房等構成。

1931 年關東軍佔領東三省後即建立傀儡政權，企圖長期開拓、掠奪東北經濟資源。此時日本陸軍面臨下一步擴張路線的爭論：以東三省為基地進而蠶食中國關內、向北發展進攻蘇聯，還是支持海軍向南進入美英法荷領地？東三省邊境工事的修築計劃表明日本陸軍力主「北進」，注重對蘇攻擊而不是被動防守。

17 個邊境工事在功能上分為火力支撐、進攻出發待機點與縱深防禦陣地三類。東三省東面、北面邊境密布山嶺、森林、河流、沼澤，適於隱秘集結、突然出擊。東正面設 8 處築壘地域，自南向北有五家子（琿春縣）、東寧、鹿鳴臺（綏芬河南）、綏芬河、觀月臺（綏芬河北）、半截河（雞東縣）、廟嶺（密山縣）、虎頭（虎林縣），北正面設 5 處築壘地域，自東向西有鳳翔（今蘿北縣）、霍爾莫津（孫吳縣）、西崗子（璦琿縣）、法別拉（黑河縣）、黑河，這 13 處築壘地域分別組建第 1～7、9～14 國境守備隊。臨近海參崴的琿春縣北春化鎮草坪東山修築守備陣地，組建琿春駐屯隊。臨近松花江口的富錦縣烏爾古力山周圍修築守備陣地，組建富錦駐屯隊。

琿春駐屯隊陣地在琿春縣北偏東約 100 公里，張鼓峰在琿春縣以南 50 多公里，王輔《日軍侵華戰爭》稱擔任張鼓峰地區守備的是「駐琿春的琿春駐屯隊……歸駐於就近朝鮮境內的第 19 師團指揮」係錯誤，又稱「琿春駐屯隊隊長橫山臣平中佐」也搞錯了。琿春駐屯隊是相當於獨立旅團級部隊，歷任隊長北野憲造、橫山臣平、鷹森孝都是少將軍銜。

大興安嶺以西是廣袤的草原、沙漠，東三省西正面設定以大興安嶺為依託進行防禦。大興安嶺西麓海拉爾築壘地域（離邊境逾百公里）組建第 8 國境守備隊扼守中東鐵路，位於中蒙邊境的阿爾山守備陣地組建阿爾山駐屯隊扼守白城——阿爾山鐵路。

1941 年關東軍特別演習對蘇、蒙進攻作戰設想及 1942 年 6 月 9 日大本營《對蘇作戰準備綱要》都是從東面、北面進攻蘇聯，以西面擔任防禦。差別是 1941 年設想主攻東面，與海軍協同攻佔海參崴，1942 年《綱要》主攻北面，孤立蘇聯濱海區。1943 年 6 月築城計劃尚未全部完工而關東軍作戰構想已然逆轉，關東軍築城部撤銷。戰爭後期關東軍作戰構想修改為逐次收縮到

南滿、朝鮮，再成立關東軍建設團修築以通化為中心的防禦工事。1944 年始，國境守備隊、駐屯隊全部實行野戰化改編，虎頭築壘地域的第 4 國境守備隊撤銷時，部分人員組建第 15 國境守備隊至終戰。國境守備隊專為 14 處築壘地域而組建，番號只有第 1～15，隊長大佐至中將。王輔《日軍侵華戰爭》稱駐張鼓峰的另一支部隊是「第 76 國境守備隊」，實為第 19 師團步兵第 76 聯隊派出分隊之誤，指揮官千田貞季當時是中佐。

遠東戰役時只有虎頭、東寧、海拉爾築壘地域與蘇軍發生交戰。

國境守備隊、駐屯隊依託戰略工事而設，編制隨擔任地域特點而定，轄若干步兵、炮兵、工兵中隊，配備大口徑火炮，司令軍銜從中佐到中將。國境守備隊野戰化之前，築壘地域的重炮多已調出。如璦琿西崗子築壘地域 100 毫米榴彈炮 16 門、150 毫米榴彈炮 2 門、100 毫米加農炮 2 門轉移到了南滿。

第 1 國境守備隊

東寧築壘地域 1938 年 3 月組建，隊長篠原誠一郎、長野義雄、岡本保之、佐野虎太、中島吉三郎、宮下健一郎、人見與一，1945 年 5 月改稱東寧旅團，7 月參與組建獨立混成第 132 旅團。

第 2 國境守備隊

綏芬河築壘地域 1938 年 3 月組建，隊長松山祐三、城戶寬爾、（缺）、飯冢文二，1945 年 7 月改編為步兵第 368 聯隊參加組建第 135 師團、駐防牡丹江七星。

第 3 國境守備隊

雞東半截河築壘地域 1938 年 3 月組建，隊長柳川真一、近藤義孝、鈴木薰二、本繁久、山本義雄，1945 年 2 月改編為步兵第 277 聯隊，加入第 126 師團序列駐防八面通。

第 4 國境守備隊／第 15 國境守備隊

虎林縣虎頭築壘地域 1938 年 3 月組建，隊長倉茂周藏、早淵四郎、倉林公任、秋草俊，1945 年 7 月部分部隊參加組建第 135 師團，餘部改為第 15 國境守備隊，隊長秋草俊、西脅武。遠東戰役時西脅武不在現地，由炮兵隊長大木正大尉代理指揮，與當面蘇聯遠東第 1 方面軍第 35 集團軍惡戰至 8 月 26 日，日軍戰死 1378、被俘 50 人（包括非軍人），虎頭要塞博物館陳列有蘇

軍 493 名陣亡者名單。

第 5 國境守備隊

孫吳霍爾莫津築壘地域 1938 年 3 月組建,1941 年時隊長筒井與市大佐,1945 年 7 月撤銷參加組建獨立混成第 136 旅團、駐防嫩江。

第 6 國境守備隊

璦琿西崗子築壘地域 1938 年 3 月組建,隊長長野義雄、末藤知文、菱田元四郎、小林隆、浜田十之助,1945 年 7 月撤銷、參與組建獨立混成第 135 旅團。

第 7 國境守備隊

黑河築壘地域 1938 年 3 月組建,隊長森田徹、政木均,1945 年 7 月撤銷、參加組建獨立混成第 135、136 旅團。

第 8 國境守備隊

海拉爾築壘地域 1938 年 3 月組建,隊長矢野音三郎、阿部平輔、福井浩太郎、千田貞雄、石田保忠,在第 6 軍序列參加 1939 年諾門坎作戰,1944 年 10 月改編為第 119 師團,海拉爾築壘地域由獨立混成第 80 旅團據守。

第 9 國境守備隊

琿春五家子築壘地域 1941 年 12 月組建,隊長伊藤鍬次郎,1945 年 2 月擴編為第 127 師團,駐延吉。

第 10 國境守備隊

綏芬河南鹿鳴臺築壘地域 1940 年 4 月組建,隊長中村龍一、宇部四雄,1944 年 6 月撤銷,人員併入第 6 獨立守備隊。

第 11 國境守備隊

綏芬河北觀月臺築壘地域 1940 年 4 月組建,1945 年 7 月改編為步兵第 279 聯隊參加組建第 126 師團。隊長浜之上俊秋、有馬純彥、菊池永雄。

第 12 國境守備隊

密山廟嶺築壘地域 1940 年 4 月組建,隊長有富親義、奈良文吉郎、山中肇,1945 年 2 月改編為步兵第 278 聯隊、參加組建第 126 師團。

第 13 國境守備隊

黑河法別拉築壘地域 1940 年 4 月組建,隸屬第 4 軍,隊長大島幾、岡芳郎、瀨川正雄。1945 年 2 月改編為步兵第 275 聯隊編入第 125 師團。

第 14 國境守備隊

鳳翔（今蘿北）築壘地域 1944 年 6 月組建，編入第 1 方面軍，1945 年 7 月參加組建第 134 師團。

琿春駐屯隊

1937 年 8 月組建，司令北野憲造（1937.8）、橫山臣平（1938.3）、鷹森孝（1940.3）、（待考）（1941.10）。轄步兵第 87、88 聯隊（第 88 聯隊由原獨立混成第 1 旅團之獨立步兵第 1 聯隊改稱）、山砲兵隊、工兵隊。1942 年 4 月從第 110 師團抽出的步兵第 140 聯隊與琿春駐屯隊合編為第 71 師團。

阿爾山駐屯隊

1941 年 12 月組建，轄步兵第 90 聯隊等，司令西大條胖、笠原嘉兵衛，1944 年 5 月與獨立混成第 7 聯隊合編為第 107 師團。

富錦駐屯隊

1944 年 5 月由第 7 獨立守備隊改編，司令鬼武五一、戶田義直，1945 年 7 月參與組建第 134 師團。

關東軍 14 個獨立混成旅團

獨立混成第 1、11 旅團見第 8 章。

1. 獨立混成第 73 旅團

1944 年 10 月在黑龍江孫吳以第 1 師團留守人員編成，轄獨立步兵第 445～449 大隊，旅團長石川忠夫，隸屬第 4 軍，1945 年 1 月擴編為第 123 師團。

2. 獨立混成第 77 旅團

1945 年 1 月在黑龍江由騎兵第 3 旅團改編，轄獨立步兵第 568～572 大隊，旅團長桑田貞三，直屬第 5 軍，1945 年 7 月撤銷編入第 135 師團。

3. 獨立混成第 78 旅團

1945 年 1 月在佳木斯以第 71 師團留守人員編成，轄獨立步兵第 573～577 大隊，直屬第 1 方面軍，旅團長鬼武五一，1945 年 7 月撤銷、人員編入第 134 師團。

4. 獨立混成第 79 旅團

1945 年 1 月在安東編成，轄獨立步兵第 578～582 大隊，旅團長岡部通，直屬第 3 方面軍。

5. 獨立混成第 80 旅團

1945 年 1 月在海拉爾以第 23 師團留守人員編成，轄獨立步兵第 583～587 大隊，旅團長野村登龜江（預備役），遠東戰役據守築壘地域與蘇聯外貝加爾方面軍交戰後退往哈爾濱。

6. 獨立混成第 130 旅團

1945 年 7 月在撫順編成，轄獨立步兵第 775、778 大隊，旅團長桑田貞三，直屬第 3 方面軍，遠東戰役發起後退往奉天。

7. 獨立混成第 131 旅團

1945 年 7 月在哈爾濱由關東軍第 6 獨立守備隊改編，轄獨立步兵第 779～782 大隊，旅團長宇部四雄，隸屬第 4 軍。

8. 獨立混成第 132 旅團

1945 年 7 月以東寧旅團改編，轄獨立步兵第 783～786 大隊，旅團長鬼武五一，隸屬第 3 軍。遠東戰役時主力撤往大喊廠，以獨立步兵第 783 大隊為基幹的東寧支隊據守東寧築壘地域與蘇軍第 25 集團軍交戰至 8 月 29 日。

9. 獨立混成第 133 旅團

1945 年 7 月在四平以第 101 警備隊改編，旅團長原田繁吉，轄獨立步兵第 787～790 大隊，調入第 34 軍駐北部朝鮮。

10. 獨立混成第 134 旅團

1945 年 7 月在錦縣編成，轄獨立步兵第 791～794 大隊，轄獨立步兵第 445～449 大隊，旅團長後藤俊藏，直屬第 3 方面軍，遠東戰役發起後退往臨江。

11. 獨立混成第 135 旅團

1945 年 7 月在瑗琿由關東軍第 6、7 國境守備隊改編隸屬第 4 軍，轄獨立步兵第 795～798 大隊，旅團長浜田十之助，遠東戰役時與蘇聯遠東第 2 方面軍交戰。

12. 獨立混成第 136 旅團

1945 年 7 月在嫩江由關東軍第 5、6、7 國境守備隊人員組建，轄獨立步兵第 799～802 大隊，旅團長土谷直二郎，隸屬第 4 軍，遠東戰役期間退往齊齊哈爾。

關東軍特種作戰部隊

1944 年 6 月在中國東北編成關東軍直轄機動第 1 旅團，下轄機動第 1～3 聯隊，擔任特種作戰，旅團長木下秀明大佐。

關東軍第 1、2、3 特別警備隊的編組命令於 1945 年 7 月底才發布，關東軍 8 月初開始組織實施，預定配屬第 4 軍的第 3 特別警備隊因軍司令上村幹男反對而擱置。關東軍特別警備隊是用於對蘇作戰的特種部隊，直屬第 3 方面軍的第 1 特別警備隊司令久保宗治少將即前任關東軍情報部奉天支部長。

旅順要塞與關東州警備司令部

旅順要塞是日本陸軍在中國東北的第一支常駐部隊，日俄戰爭期間 1905 年 1 月 9 日組建，攻佔旅順的第 3 軍參謀長伊地知幸介少將首任司令。九一八事變始旅順要塞歷任司令厚東篤太郎、大谷一男、安藤紀三郎、鏡山嚴、田中稔、中島三郎、周山滿藏、伊藤義雄、井出宣時、太田米雄、不明（1942.4～1944.6）、柳田元三。

1944 年 10 月在撫順組建關東州警備司令部，隸屬關東防衛軍，高橋茂壽慶中將任司令。

1945 年 4 月旅順要塞併入關東州警備司令部，旅順要塞司令柳田元三任司令。關東州警備司令部終戰時轄鞍山警備隊、本溪湖警備隊、撫順警備隊、高射炮第 171 聯隊、第 61 獨立要塞炮兵隊。

第 10 章　侵華日軍混成旅團與支隊

　　日本陸軍非獨立的混成旅團與支隊是臨時的任務編組，任務完畢歸建、臨時番號取消。

15 個混成旅團

　　早期混成旅團編成方式是抽調師團的一個步兵旅團或 4 個以上步兵大隊並配屬特科部隊，由步兵旅團司令部指揮，原步兵旅團番號冠以「混成」，後期有以部隊長冠名的混成旅團或兵團。

　　1. 混成第 39 旅團

　　以朝鮮軍第 20 師團步兵第 39 旅團為基幹編成，步兵第 39 旅團長嘉村達次郎任混成第 39 旅團長，1931 年 9 月 21 日侵入東北，擔任瀋陽地區警備，後調第 20 師團司令部指揮混成第 38、39 旅團，1932 年 5 月回朝鮮。

　　2. 混成第 4 旅團

　　本土第 8 師團各步兵聯隊的 1 個步兵大隊及特科部隊編成，鈴木美通率步兵第 4 旅團司令部擔任指揮，1931 年 11 月侵入齊齊哈爾地區。1932 年 4 月第 8 師團主力調關東軍輪值，混成第 4 旅團現地歸建。

　　3. 混成第 38 旅團

　　以朝鮮軍第 19 師團步兵第 38 旅團為基幹編成，旅團長依田四郎，1931 年 12 月侵入吉林，先後受第 20 師團長、第 10 師團長指揮，1932 年 5 月回朝鮮。

　　4. 混成第 8 旅團

　　1931 年 12 月本土第 10 師團各步兵聯隊的 1 個步兵大隊及特科部隊編

成，由村井清規步兵第 8 旅團司令部指揮，參加攻佔吉林，當年第 10 師團關東軍輪值現地歸建。

5. 混成第 33 旅團

1932 年 8 月第 10 師團調整混成第 8 旅團組成部隊，改稱混成第 33 旅團，步兵第 33 旅團長中村馨任旅團長，參加攻佔熱河，1934 年 3 月回國。

6. 混成第 14 旅團

1932 年 9 月第 7 師團各步兵聯隊的 1 個步兵大隊及特科部隊編成，步兵第 14 旅團司令部為指揮機關，服部兵次郎、平田重三（1933.8）先後任旅團長，參加攻佔黑龍江北部作戰、熱河作戰，1934 年 3 月回國。

7. 混成第 24 旅團

第 12 師團各步兵聯隊的 1 個步兵大隊及特科部隊編成，步兵第 24 旅團司令部為指揮機關，旅團長下元熊彌，1932 年 2 月 7 日登陸吳淞投入第一次淞滬作戰，5 月回國。

8. 混成第 2 旅團

以關東軍第 1 師團步兵第 2 旅團部隊為基幹組成，旅團長關龜治、本多政材，1937 年 7 月 30 日侵入關內增援天津日軍，後參加攻佔察綏作戰，先後隸屬中國駐屯軍、察哈爾派遣兵團，8 月 27 日攻佔察哈爾省會萬全，8 月底歸還。

9. 混成第 15 旅團

以關東軍第 2 師團步兵第 15 旅團為基幹組成，旅團長篠原誠一郎，1937 年 7 月 11 日侵入關內參加攻佔察綏作戰，先後隸屬中國駐屯軍、察哈爾派遣兵團，8 月底歸還。

10. 混成第 3 旅團

以關東軍第 2 師團步兵第 3 旅團為基幹組成，編制 4900 人，旅團長田村元一，1938 年 5 月中旬編入華北方面軍第 2 軍參加豫東作戰，6 月歸建關東軍。

11. 混成第 13 旅團

以關東軍第 7 師團步兵第 13 旅團為基幹組成，編制 5200 人，旅團長吉澤忠男，1938 年 5 月中旬編入華北方面軍第 2 軍參加豫東作戰，6 月歸建關東軍。（《中國事變陸軍作戰史》2 卷 1 分冊第 63 頁、以及李惠《侵華日軍沿

革》、王輔《日軍侵華戰爭》、郭汝瑰《中國抗日戰爭正面戰場作戰記》所載混成第 13 旅團長錯為森田范正）

12. 近衛混成旅團

1939 年 11 月本土近衛師團抽調近衛步兵第 1 旅團及特科部隊組成，近衛步兵第 1 旅團長櫻田武任旅團長，編入第 21 軍，投入翁源英德作戰、桂南作戰，1940 年 9 月進入法屬印度支那，改稱印度支那派遣軍步兵群，1941 年 2 月回國再稱近衛混成旅團。因近衛師團主體 1940 年 8 月派往中國，近衛混成旅團番號保留至 1943 年才歸建近衛第 1 師團。

13. 小蘭江混成旅團

1942 年 5 月第 26 師團獨立步兵第 13 聯隊，第 37 師團步兵第 226 聯隊，及一個山炮兵大隊組成小蘭江混成旅團參加浙贛作戰（東線），兵力 5000 人，旅團長是第 26 師團步兵群長小蘭江邦雄。旅團從山西大同、運城駐地經鐵路投送杭州，作戰期間派往諸暨方向，攻佔松陽、麗水、溫州。此戰後不久小蘭江邦雄調任第 11 軍參謀長。

14. 河野混成旅團

1942 年 5 月第 11 軍第 3、34、39、40 師團共抽調 5 個步兵大隊、一個山炮兵大隊組成，兵力 6800 人，第 40 師團步兵群長河野毅任旅團長，編入第 13 軍參加浙贛作戰（西線）。

15. 原田混成旅團

1942 年 5 月駐防徐州的第 13 軍第 17 師團組成原田混成旅團參加浙贛作戰（東線），轄 3 個步兵大隊、一個野炮兵大隊，3500 人，第 17 師團步兵群長原田次郎任旅團長。

注：二戰期間日軍有 4 個正式建制的混成旅團。千島群島獨立混成第 43、69 旅團合編為第 89 師團後分別改稱混成第 3、4 旅團。小笠原群島第 109 師團轄混成第 1、2 旅團，實因島嶼環境師團特科部隊分散配置到各旅團。混成第 2 旅團在硫磺島作戰被全殲後，混成第 1、2 旅團番號都撤銷，第 109 師團直轄 6 個獨立步兵大隊。

支隊

日本陸軍支隊編制以 1～6 個步兵大隊為基幹，配屬特科部隊，臨時番號以指揮官或地名命名。戰爭初期日本陸軍師團的派遣任務編隊多以一個步兵

旅團為基幹，配屬特科部隊，稱混成旅團。1939 年 10 月日本陸軍從第 8、11 師團開始施行四聯隊師團改三聯隊制，至 1942 年 12 月第 5、13 師團改制全部完成，此後的臨時編組、任務完畢歸還建制的部隊稱支隊，兵力較大也稱兵團。支隊番號極多，僅舉數例如次。

1. 堤支隊、大泉支隊

中國關內戰場最早的侵華日軍支隊。1937 年 8 月關東軍組建察哈爾派遣兵團，下轄堤支隊以第 3 獨立守備隊獨立守備步兵第 16 大隊為基幹在吉林白城子編成，大隊長堤不夾貴中佐任支隊長；大泉支隊以第 2 師團步兵第 4 聯隊的一個大隊為基幹在哈爾濱編成，大泉基少佐任支隊長。

2. 重藤支隊

由臺灣守備隊下轄臺灣步兵第 1、2 聯隊，臺灣山炮兵聯隊組編，臺灣守備隊司令重藤千秋少將任支隊長，侵華戰爭初期參加淞滬會戰，11 月返回臺灣。12 月初重藤支隊編入在臺灣組建的第 5 軍，1938 年 1 月改稱波田重一支隊。第 5 軍撤銷後，波田支隊調往大陸編入華中派遣軍參加武漢作戰，6 月 13 日攻佔安徽省會懷寧，10 月 26 日攻佔武昌。11 月飯田祥二郎任支隊長改稱飯田支隊，轉隸華南第 21 軍，1939 年 1 月正式編成臺灣混成旅團。

3. 國崎支隊與步兵第 41 聯隊

1937 年 11 月華北方面軍第 5 師團一部編成國崎支隊，與第 6 師團轉往淞滬戰場。國崎支隊以步兵第 41 聯隊為基幹編成，步兵第 9 旅團長國崎登任支隊長。國崎支隊在第 10 軍序列於 11 月 5 日登陸杭州灣參加淞滬作戰，南京作戰期間 12 月 9 日佔領當塗，10 日渡江進佔浦口，參與南京暴行。12 月底國崎支隊調回華北方面軍執行登陸青島任務，第 5 師團亦於 1938 年 1 月中旬改隸第 2 軍調到山東地區，國崎支隊就此歸建。徐州作戰後期再組國崎支隊，轄步兵第 41 聯隊 8 個中隊、步兵第 42 聯隊 6 個中隊等。

國崎支隊基幹步兵第 41 聯隊的作戰經歷列日本陸軍步兵聯隊第一：1937 年 8 月登陸大沽，參加南口、平綏路東段、察哈爾、平漢路北段作戰，在國崎支隊序列參加淞滬、南京作戰；1938 年參加徐州作戰，登陸大亞灣攻佔佛山，調回華北擔任警備；1939 年登陸欽州灣佔領南寧、參加崑崙關爭奪戰；1940 年 9 月進攻法屬印度支那；1941 年 4 月步兵第 9 旅團（第 11、41 聯隊）侵佔浙東，太平洋戰爭開始後參加攻佔馬來、新加坡；1942 年 4 月後脫離第 5 師團編為河村支隊（河村參郎是步兵第 9 旅團長）攻佔菲律賓班乃島、棉蘭

老島，7 月遠調東部新幾內亞島編入南海支隊，在巴布亞半島作戰中損失殆盡；1943 年 6 月步兵第 41 聯隊調朝鮮整補，參與組建第 30 師團；1944 年 8 月隨第 30 師團再到菲律賓棉蘭老島，10 月底增援萊特島，遭遇慘敗，聯隊長炭谷鷹義 1945 年 6 月 17 日戰死，餘部散失，聯隊旗下落不明。

4. 山田支隊

1937 年 12 月南京作戰期間，10 日第 16 師團發起攻擊紫金山及其兩側地區，上海派遣軍決定加強其右翼，11 日將在鎮江等待渡河的第 13 師團步兵第 65 聯隊、山炮兵第 19 聯隊第 3 大隊、騎兵第 17 大隊組成山田支隊，步兵第 103 旅團長山田栴二擔任指揮官，派往南京北側（第 16 師團右翼），13 日攻佔烏龍山，14 日攻佔幕府山。12 月 20 日山田支隊從下關過江，在安徽全椒歸還第 13 師團建制。

5. 天谷支隊

1937 年 8 月 15 日與上海派遣軍（第 3、11 師團）同一天組建，支隊長是第 11 師團步兵第 10 旅團長天谷直次郎，轄步兵第 12 聯隊、山炮兵第 11 聯隊第 3 大隊等，由參謀總長直接掌握執行侵佔青島任務，第 11 師團主力作為淞滬作戰首批部隊在川沙登陸。後侵佔青島計劃暫緩，天谷支隊 9 月 3 日登陸吳淞，淞滬作戰期間歸第 11 師團指揮，但仍有一定獨立性。日軍佔領上海後，第 11 師團主力調臺灣準備參加廣東作戰，天谷支隊留現地參加南京外圍作戰，12 月 8 日進入鎮江，13 日渡江佔領揚州。

廣東作戰任務取消後，第 11 師團主力 1938 年 1 月回國。天谷支隊 1 月 16 日接替第 16 師團擔任南京警備，3 月回國歸建第 11 師團。

6. 瀨谷支隊

1938 年 3～4 月滕縣、臺兒莊作戰主力。由第 10 師團步兵第 33 師團第 10、63 聯隊的 4 個半步兵大隊為基幹，以及獨立機關槍第 10 大隊，獨立輕戰車第 10、第 12 中隊，野戰重炮兵第 1 旅團第 2 聯隊兩個大隊，野炮兵第 10 聯隊 6 個中隊，中國駐屯野炮兵第 3 大隊（15 厘米榴彈炮兩個中隊），臨時野炮兵中隊等編成，支隊長是步兵第 33 旅團長瀨谷啟少將。

7. 坂本支隊

以第 5 師團步兵第 21 旅團為基幹組成，第 21 旅團長坂本順任支隊長，增援滕縣、臺兒莊作戰，徐州作戰後期由第 10 師團指揮。

8. 平野支隊

平野儀一 1940 年 3 月～1943 年 3 月任獨立步兵第 63 大隊長，先後隸屬獨立混成第 14 旅團、第 68 師團，以該大隊為基幹組建的平野支隊參加棗宜作戰、第 2 次長沙作戰、浙贛作戰。平野支隊在贛北地區殺害平民、破壞財產，罪行重大。平野儀一後任第 129 師團步兵第 92 旅團長，1947 年 5 月在廣州處死，是中國軍事法庭處決 6 名日軍將官之一。

9. 甲支隊

1944 年 8 月日軍第 13 軍抽調第 60、61 師團部隊組建甲支隊，自金華、武義進犯溫州，第 60 師團步兵第 55 旅團長梨岡壽男任支隊長。9 月 9 日甲支隊攻陷溫州，1945 年 2 月在溫州改編為獨立混成第 89 旅團，梨岡壽男任旅團長。

10. 岩本支隊

第 11 野戰補充隊（岩本高次）隸屬第 13 軍駐寧波，1944 年 5 月組成岩本支隊入湖南作戰，先後編入第 11、20 軍序列，長衡作戰後駐防零陵。1945 年 2 月在韶關岩本支隊擴編第 131 師團，岩本高次任步兵第 95 旅團長。在寧波的第 11 野戰補充隊餘部改編為獨立混成第 91 旅團。

11. 承德支隊

1933 年始，熱河省即為關東軍侵佔地盤。日本戰敗前夕日軍《大陸命 1374 號》將包括承德的熱河西部、南部改為中國派遣軍作戰地域。原駐熱河的關東軍第 108 師團（其前身即駐承德的關東軍第 9 獨立守備隊）主體撤至錦州，滯留熱河部隊以步兵第 240 聯隊為骨幹組建承德支隊由中國派遣軍指揮。又因緊接發生的盟軍受降區域劃分，整個熱河省都歸中國戰區，承德支隊改隸中國派遣軍。步兵第 240 聯隊長是中村赳（陸士 28），可能兼任承德支隊長。

12. 南海支隊

大本營與總軍司令部極少直轄作戰部隊，實際發生的大本營與總軍直轄作戰部隊多因暫未分派任務待命，或者是因部隊隸屬、指揮關係變更但不能立即生效。南海支隊是唯一由大本營直接指揮的作戰部隊，太平洋戰爭爆發時擔任攻占關島，爾後以關島為基地進攻俾斯麥群島。南海支隊由第 55 師團部隊編成：第 55 師團步兵群司令部、步兵第 144 聯隊、山炮兵第 55 聯隊 1 個大隊、工兵第 15 聯隊 1 個中隊（在新幾內亞作戰期間又加強配屬步兵第 41

聯隊、獨立工兵第 15 聯隊），支隊長堀井富太郎少將是第 55 師團步兵群長。1943 年 1 月南海支隊在巴布亞半島作戰慘敗，殘部 6 月調往緬甸歸還第 55 師團。

13. 南洋第 1～6 支隊

1943 年 10 月為加強吉爾伯特群島、馬紹爾群島防禦，陸續派出南洋第 1～6 支隊駐守各島嶼，支隊以 1～3 個步兵大隊為基幹。南洋第 3、5 支隊後與其他部隊合編為獨立混成旅團，南洋第 6 支隊在新幾內亞島霍蘭迪亞潰敗。終戰時日本陸軍序列僅有的支隊單位就是中太平洋第 31 軍南洋第 1、2、4 支隊，特殊環境下既未歸還建制又沒有授以正式番號。

14. 菊兵團

1944 年 5 月豫中作戰時組建，隸屬第 12 軍，擔任攻佔洛陽，駐防北平的第 63 師團長野副昌德任兵團長，部隊包括第 63 師團第 67 旅團另 3 個獨立步兵大隊、第 12 野戰補充隊（3 個獨立步兵大隊），後期劃歸指揮的還有第 110 師團第 163 聯隊第 1 步兵大隊、獨立混成第 1 旅團第 74 大隊、獨立混成第 2 旅團第 5 大隊，獨立混成第 9 旅團第 38 大隊，野戰重炮兵第 6 聯隊一個大隊，以及戰車第 3 師團機動步兵第 3 聯隊。

第 11 章　日本陸軍步兵部隊基本單元與步兵武器

　　日本陸軍獨立部隊的下屬步兵基本單元包括步兵旅團、步兵聯隊、步兵大隊、獨立步兵大隊、獨立警備步兵大隊、獨立守備步兵大隊、獨立國境守備步兵大隊、步兵中隊、步兵小隊、步兵分隊。

步兵旅團

　　1885 年 5 月始建步兵第 1～10 旅團，1888 年成為新設日本陸軍師團的下屬單位。至 1915 年日本陸軍的第 1～20 師團與近衛師團，下轄 42 個步兵旅團：步兵第 1～40 旅團，近衛步兵第 1、2 旅團。

　　1925 年（大正 14 年）「大正軍縮」計劃第 3 輪，陸軍大臣宇垣一成主持裁撤 4 個師團、8 個步兵旅團：第 13、15、17、18 師團，步兵第 17、20、23、25、26、31、34、35 旅團。

　　七七事變後組建 10 個特設師團，與戰前的 17 個常設師團合計有 54 個步兵旅團，每個步兵旅團轄兩聯隊六步兵大隊，旅團長軍銜少將，極少有中將。到 1943 年初這 54 個步兵旅團都撤銷了。

　　1942 年 2 月始，在關內戰場分批編組 20 個新型兩旅團制師團（另有菲律賓戰場 4 個兩旅團制師團），每個步兵旅團轄 4 個獨立步兵大隊，旅團長軍銜有降至大佐者。兩類步兵旅團員額有一倍半的差別。

步兵聯隊

　　1874 年 12 月日本陸軍始建步兵第 1～3 聯隊，步兵聯隊為全陸軍統一編

號的基本單元，聯隊旗由天皇授予。至 1915 年日本陸軍的 21 個師團下轄 84 個步兵聯隊：步兵第 1～80 聯隊，近衛步兵第 1～4 聯隊。

「大正軍縮」計劃第 3 輪裁撤 16 個步兵聯隊：步兵第 51～56、58、60、62、64～67、69、71、72 聯隊。

七七事變後組建 10 個特設師團，與戰前的 17 個常設師團同為四聯隊制。後相繼改制為三聯隊制，又新組建三聯隊制師團，戰爭期間合計約有 484 個步兵聯隊，包括幾種特殊番號：近衛步兵第 1～10 聯隊（屬近衛第 1～3 師團序列），臺灣步兵第 1、2 聯隊（屬第 48 師團序列），中國駐屯步兵第 1～3 聯隊（屬第 27 師團序列），獨立步兵第 11～13 聯隊（屬第 26 師團序列），機動步兵第 1～3 聯隊（屬戰車第 1～3 師團序列）。10 餘個步兵聯隊因戰敗覆沒而撤銷番號。

步兵聯隊轄 3 個步兵大隊，聯隊炮中隊、步兵炮或速射炮中隊。

聯隊長軍銜多為大佐，駐帝汶島第 48 師團臺灣步兵第 2 聯隊長田中透（陸士 26）少將。

各種步兵大隊

四聯隊師團由 12 個步兵大隊組成、三聯隊師團由 9 個步兵大隊組成，步兵大隊轄 3～4 個步兵中隊及炮兵小隊、重機槍中隊，步兵中隊轄 4 個步兵小隊，步兵小隊轄 3 個步兵分隊（分隊配輕機槍 1 挺）、1 個擲彈筒分隊。

獨立步兵大隊為全陸軍統一編號，用於組建新型兩旅團制師團、獨立混成旅團、獨立步兵旅團等部隊。獨立步兵大隊轄 3～4 個步兵中隊及機槍中隊。

獨立警備步兵大隊為獨立警備隊下轄單位，獨立守備步兵大隊為獨立守備隊下轄單位，國境守備步兵大隊為國境守備隊下轄單位，其兵員、火力更低於獨立步兵大隊。

陸軍步兵大隊長軍銜中佐、少佐，戰爭後期降至大尉、中尉。駐上海第 161 師團步兵第 102 旅團長石田壽少將屬下四個獨立步兵大隊長都是大尉，安慶第 131 師團步兵第 96 旅團長海福三千雄少將屬下竟有三名中尉大隊長。

圖 11　第 2 次長沙作戰。1941 年 9 月 18 日日軍第 11 軍第 3、4、6、13、40 師團從岳陽一線南下攻擊新牆河、汨羅江、撈刀河，直指長沙。圖為 9 月 22 日或 23 日日軍第 4 師團 92 式重機關槍向汨羅江對岸射擊，守軍是中國第 30 集團軍第 37 軍（陳沛），地點湖南汨羅新市附近同樂橋（長沙以北 70 餘公里、粵漢鐵路以東 3 公里）。

主要步兵武器

（一）單兵武器 7 種

明治 38 年式步槍（三八大蓋），以明治 30 年式步槍增加防塵蓋，1905 年入役，口徑 6.5 毫米，槍管 797 毫米，槍長 1275 毫米（配 30 年式刺刀槍長 1663 毫米），重量 3.95 公斤，彈倉裝彈 5 發，初速每秒 765 米，有效射程 460 米，標尺射程 2400 米，約 340 萬支。

明治 30 年式槍劍，配裝明治 30 年式步槍、明治 38 年式步槍、99 式步槍、4 式步槍以及各種輕機槍。1897 年入役，全刀長 51.2 厘米，刀刃長 40.0 厘米，刀鍔厚 0.8 厘米。

明治 44 年式卡賓槍，1911 年入役，口徑 6.5 毫米，槍管 487 毫米，全槍 965 毫米，折疊槍刺，重量 3.3 公斤，彈倉裝彈 5 發，初速每秒 708 米，有效射程 500 米，標尺射程 2000 米，9.19 萬支。

大正 14 年式手槍（南部十四式），1925 年入役，口徑 8 毫米，槍管長 117 毫米，全槍長 230 毫米，重量 900 克，裝彈 8 發，有效射程 60 米。

98 式甲型手榴彈，手柄型，1938 年入役，全長 210.9 毫米，直徑 50 毫米，重量 560 克，裝藥 78 克，延遲時間 4 秒，威力半徑 7 米。

91 式擲彈器，1931 年入役，裝於制式步槍，以空包彈發射 50 毫米 91 式尾翼槍榴彈。

100 式火焰噴射器，1940 年入役，單兵攜帶油料罐 2 隻 12.3 升、壓力罐 1 隻，重量 26 公斤，射程 25 米。

（二）步兵小隊火器 4 種

大正 11 年式輕機關槍（歪把子），1922 年入役，口徑 6.5 毫米，身管 443 毫米，重量 10.3 公斤，彈鬥供彈或 30 發彈夾，射速每分 500 發，最大射程 3000 米，2.9 萬挺，步兵分隊配備 1 挺。

96 式輕機關槍，1938 年入役，口徑 6.5 毫米，身管 550 毫米，重量 10.2 公斤，30 發彈夾，射速每分 550 發，最大射程 3000 米，4.1 萬挺，步兵分隊配備 1 挺。

99 式輕機關槍，1939 年入役，口徑 7.7 毫米，身管 483 毫米，重量 11 公斤，30 發彈夾，射速每分 550 發，最大射程 2000 米，5.3 萬挺，步兵分隊配備 1 挺。

89 式重擲彈筒，1932 年入役，口徑 50 毫米，身管 254 毫米，重量 4.7 公斤，使用 0.8 公斤榴彈有效射程 120 米，12 萬具，擲彈筒分隊有 3 具，配屬步兵小隊。

（三）步兵大隊火器 4 種

大正 3 年式（重）機關槍、1914 年入役，口徑 6.5 毫米，身管 737 毫米，重量 55 公斤，射速每分 500 發，初速每秒 740 米，最大射程 4000 米。

92 式重機關槍，1932 年入役，口徑 7.7 毫米，身管 721 毫米，重量 55 公斤，射速每分 450 發，初速每秒 800 米，最大射程 4200 米，4.5 萬挺，配備步兵大隊機關槍中隊 8～12 挺。

大正 11 年式平射步兵炮，1922 年入役，口徑 37 毫米，28 倍身管，重量 89 公斤，彈重 0.67 公斤，初速每秒 450 米，射速每分 20 發，有效射程 2400 米。一個炮分隊 1 炮、11 人、2 馱馬（含彈藥），組成步兵大隊的炮小隊，或

配備精銳步兵中隊。

92 式步兵炮，習稱大隊炮，日本陸軍優秀制式裝備，1932 年入役，口徑 70 毫米，11.3 倍身管，重量 204 公斤，彈重 3.79 公斤，初速每秒 197 米，射程 2800 米。配備步兵大隊的炮小隊（2 門），亦用於部分步兵聯隊屬炮兵，大阪陸軍兵工廠、名古屋陸軍兵工廠生產 3000 多門。

97 式曲射步兵炮（迫擊炮），1937 年入役，口徑 81 毫米，15.6 倍身管，重量 22.4 公斤，彈重 3.33 公斤，初速每秒 196 米，最大射程 2850 米，配備步兵大隊的炮小隊（2 門）。

第 12 章　侵華日軍騎兵、機甲兵部隊

　　日本陸軍的騎兵聯隊建制始於 1895 年，與步兵聯隊同由天皇授旗，日俄戰爭期間日本陸軍有騎兵第 1、第 2 旅團參戰。

　　七七事變前日本陸軍有近 30 個騎兵聯隊，組成 4 個騎兵旅團建制及每個常設師團下屬一個騎兵聯隊。終戰時日本陸軍僅餘騎兵第 4 旅團第 25、26 聯隊，中國戰場第 3、第 47、第 79 師團下屬騎兵聯隊與南方戰場第 6、第 20、第 49、第 55 師團下屬騎兵聯隊（師團屬騎兵聯隊的騎兵所佔比例亦有減少）。騎兵、炮兵、輜重兵都須大量軍馬支撐，軍馬的比例因而是部隊戰力的標誌之一。徐州作戰期間的統計表明，常設第 5 師團人員 25143、馬匹 8193（分配：騎兵聯隊 429 匹，炮兵聯隊 2269 匹，輜重兵聯隊 2612 匹，步兵聯隊各 500 多匹），人馬之比約為 3 比 1，特設第 114 師團人員 20103、馬匹 5594，不僅人數與軍馬數都減少，人馬之比亦減少至 3.6 比 1。獨立混成第 5 旅團人員 5205、馬匹 609，人馬之比達 8.5 比 1。

　　戰爭後期日軍騎兵減少的原因既有作戰方式的改變（例如增加汽車編制），也有軍馬資源的難以為繼。1940 年陸軍中央確定中國派遣軍編制 73.4 萬人、14.8 萬馬，人馬之比為 5 比 1。終戰時中國派遣軍實有 105 萬人、7.4 萬馬，人馬之比降為 14 比 1。

日軍師團騎兵部隊

　　1937 年編制的師團騎兵聯隊（乙聯隊）轄 2 中隊 1 機關槍小隊，七七事變後的新組建師團改稱騎兵大隊，編制依舊，如南京作戰時第 9 師團騎兵第 9 聯隊與第 114 師團騎兵第 118 大隊都是轄 2 中隊 1 機關槍小隊，但長官軍

衝分別為大佐、少佐。1943 年 5 月組建的第 47 師團騎兵第 47 聯隊實有官兵304、馬 185、汽車 12。

1941 年關特演師團編制加強，如第 11 師團騎兵第 11 聯隊：轄 3 中隊 6 小隊、機關槍中隊 2 小隊速射炮小隊，官兵 1048、乘馬 739、馱馬 382。

1940 年起原有常設師團的騎兵聯隊先後調出、撤消或改編為搜索聯隊，特設師團騎兵大隊改搜索隊。搜索聯隊以乘馬中隊、乘車中隊、輕裝甲車中隊、自動車中隊搭配組建，人員 600～700。如第 16 師團騎兵第 20 聯隊於 1941年改編為搜索第 16 聯隊。第 41 師團騎兵第 41 聯隊在朝鮮龍山組建，官兵分別來自關東軍騎兵第 3 旅團、本土習志野騎兵第 2 旅團，轄 3 個騎兵中隊，隨第 41 師團駐中國山西，1941 年晉南作戰後解散。

日軍獨立騎兵部隊

非師團屬騎兵聯隊（甲聯隊）編制如騎兵第 4 旅團騎兵第 25 聯隊：聯隊本部 60 人，4 個騎兵中隊共 400 人（輕機關槍 8 挺、擲彈筒 8 具），機關槍中隊 80 人（重機關槍 4 挺），步兵炮中隊 100 人（山炮 2 門、速射炮 2 門），合計官兵 640 人。

騎兵第 1 旅團

始於 1901 年，參加日俄戰爭。1932 年 6 月調入關東軍時轄騎兵第 13、14 聯隊等，參加攻佔黑龍江作戰。1933 年 7 月在海拉爾與騎兵第 4 旅團合組為騎兵集團，1938 年 7 月從關東軍調華北方面軍，後隸屬駐蒙軍，1940 年 2月增編騎兵第 71 聯隊（一年後撤銷），參加進攻五原作戰、攻入寧夏。九一八事變始旅團長吉岡豊輔、高波祐治、中山蕃、黑谷正忠、野澤北地、大賀茂、片桐茂、栗林忠道、森茂樹。1942 年 6 月作為騎兵集團主力改制擴編為戰車第 3 師團。

騎兵第 2 旅團

始於 1904 年，轄騎兵第 1、15、16 聯隊，駐本土未出動，1941 年撤銷。

騎兵第 3 旅團

始於 1909 年，1937 年調入關東軍駐佳木斯，轄騎兵第 23、24 聯隊，後隸屬第 5 軍，1945 年 1 月在黑龍江改編為獨立混成第 77 旅團。旅團長石田保秀（1936.8）、和田義雄、馬場正郎、木下勇、片岡董、田島彥太郎、桑田貞三。

騎兵第 4 旅團

始於 1909 年，1932 年 9 月調入關東軍，參加攻佔黑龍江、熱河作戰，1933 年 7 月與騎兵第 1 旅團合組為騎兵集團。1938 年 7 月調華北方面軍，隸屬駐蒙軍。武漢作戰後期調入第 2 軍。第 2 軍回國後編入第 11 軍，參加 1939 年 4 月隨棗會戰，9 月返回華北方面軍，在第 1 軍序列參加 1941 年 4 月中條山會戰，1942 年 12 月轉隸第 12 軍，參加 1944 年 3 月豫中會戰、1945 年 3 月老河口作戰。九一八事變始旅團長山田乙三、茂木謙之助、小川正輔、稻葉四郎、久納誠一、松室孝良、小島吉藏、佐佐木登、佐久間為人、小原一明、藤田茂、加藤源之助，日本戰敗投降後在河南歸德繳械。終戰時日本陸軍僅有此一個騎兵旅團，1945 年時編制情況：旅團部 15 人，騎兵第 25、26 聯隊，騎炮兵第 4 聯隊 180 人（轄 2 個炮兵中隊、山炮 4 門），輜重隊 70 人、汽車 26 輛，直轄衛生、通信、機要等單位 130 人，全旅團近 1700 人。

騎兵集團

1933 年在海拉爾由騎兵第 1、4 旅團合組，1938 年 7 月調華北方面軍，隸屬駐蒙軍駐包頭，1942 年 6 月撤銷，歷任集團長宇佐美興屋、蓮沼蕃、笠井平十郎、稻葉四郎、內藤正一、吉田悳、小島吉藏、馬場正郎、西原一策。

日本陸軍機甲兵

一戰時各國軍隊開始裝備汽車、摩托車、裝甲車，凡爾登戰役首次有法軍摩托化步兵登場，騎兵的作用與地位逐漸衰滅。1920 年日本陸軍省大舉削減騎兵，時任騎兵第 4 旅團長的吉橋德三郎少將竭力抗爭，竟憤而自殺。1941 年 4 月日本陸軍正式廢止騎兵科，撤銷教育總監部的騎兵監部，同時設置陸軍省機甲本部，原騎兵監吉田悳中將任部長。機甲本部為陸軍省外設機構，負責機甲部隊（包括戰車、牽引車、運輸車）、騎兵部隊的教育、編制與技術開發。戰車部隊的主要將領多為騎兵科出身。

一戰後日本從英、法購進坦克裝備，1925 年組建第 1、2 戰車隊，裝備雷諾-FT、雷諾-NC 坦克。1927 年日本仿法國雷諾坦克研發 1 號戰車成功。1931 年 12 月由百武俊吉大尉率領臨時派遣第 1 戰車隊（配裝 89 式中戰車）參加

侵佔黑龍江作戰（百武俊吉陸士 33 期，1937 年 10 月侵犯山西時戰死），1932
年 2 月重見伊三雄大尉率領獨立戰車第 2 中隊投入淞滬作戰（重見伊三雄陸
士 27 期，1945 年 1 月任戰車第 3 旅團長時戰死於呂宋島）。

　　日本陸軍戰車部隊基本單元——戰車聯隊建制始於 1933 年 8 月，由第 1
戰車隊與千葉步兵學校戰車隊編成戰車第 1、2 聯隊。戰車聯隊官兵 1071 人、
戰車 60～70 輛，編制有 3 個中戰車中隊、1 個輕戰車中隊、1 個炮戰車中隊、
1 個整備中隊。中戰車中隊轄 3 個小隊（每小隊 3 輛中戰車），中隊部 2 輛中
戰車、3 輛輕戰車（偵察）。依據戰車擁有量與編制結構，日本陸軍的戰車聯
隊略強於美國陸軍、海軍陸戰隊的坦克營。

　　日本發動全面侵華戰爭時，8 月派出戰車第 1、2 大隊（每大隊有中戰車
39 輛、輕戰車 21 輛）編入第 1 軍，3 個獨立輕裝甲車中隊臨時配屬第 5、6、
10 師團，戰車第 1 聯隊派出戰車第 5 大隊編入上海派遣軍參加淞滬作戰。次
年 7 月戰車第 1、2 大隊改編為戰車第 7、8 聯隊，戰車第 5 大隊 1939 年復員
撤銷。

　　1941 年 12 月日軍共有戰車聯隊 15 個，太平洋戰爭開戰初派出第 3 戰車
群、園田晟之助支隊等包括 9 個戰車聯隊參加攻取南洋諸地作戰。戰爭期間
戰車聯隊曾達 46 個，戰車第 9、26、27 聯隊覆沒於塞班島、硫磺島、沖繩島，
終戰時存 42 個戰車聯隊（戰車第 16 聯隊在威克島、南鳥島改制為第 31 軍直
轄獨立混成第 13 聯隊第 1、2 戰車隊），戰車保有量約 4000～5000 輛。28 個
戰車聯隊構成戰車師團、獨立戰車旅團建制，12 個戰車聯隊直屬軍、方面軍，
編入師團序列的僅有千島群島第 91 師團的戰車第 11 聯隊。海外戰場有 2 個
戰車師團、2 個獨立戰車旅團，加上直屬軍、方面軍的戰車聯隊，海外戰場共
有 17 個戰車聯隊。

　　日本陸軍絕大多數師團沒有配屬戰車部隊，只有海洋編制師團、海上機
動旅團、一些擔任島嶼防衛的師團配屬有獨立戰車中隊、戰車隊。

　　1938 年 8 月始以戰車聯隊編成第 1-3 戰車群，至終戰時演變成戰車部隊
編制結構：

　　（機甲軍）——戰車師團、（戰車群）、獨立戰車旅團——戰車聯隊——
戰車中隊。

　　1940 年 12 月至 1941 年 6 月，陸軍航空總監山下奉文率團赴德國考察，

對德軍使用坦克、大炮、飛機聯合進攻作戰方式與閃擊戰方式極有興趣。回國後山下奉文建議在重要作戰方向集中使用坦克部隊。1942 年 6 月 24 日大本營下令組建陸軍機甲軍與戰車第 1-3 師團，調機甲本部長吉田悳中將任機甲軍司令。

機甲軍隸屬關東軍，司令部駐四平，下轄戰車第 1、2 師團以及戰車教導旅團、戰車第 15 聯隊（駐孫吳）和戰車第 16 聯隊（駐海拉爾）。受裝備所限日軍終究只有一個機甲軍，難以派上用場，即於 1943 年 10 月撤銷。

1. 第 1 戰車群／戰車第 1 師團

1938 年 8 月獨立混成第 1 旅團撤銷，原轄戰車第 3、4 大隊改編為戰車第 3 聯隊，與第 4、第 5 聯隊及其他輔助部隊組建為第 1 戰車群，原獨立混成第 1 旅團長安岡正臣中將任第 1 戰車群長，次年參加諾門坎邊境作戰。1942 年 6 月在黑龍江寧安以第 1 戰車群為基幹編成戰車第 1 師團，隸屬機甲軍，師團長星野利元、細見惟雄（1945.6）。戰車第 3 聯隊參加桂柳作戰，後駐防香港，戰車第 9 聯隊調塞班島戰敗覆沒。1945 年 3 月師團調回本土隸屬第 36 軍，終戰時轄戰車第 1、5 聯隊等。戰車第 1 師團創設時的平時編制：

戰車第 1 旅團（戰車第 1、5 聯隊），戰車第 2 旅團（戰車第 3、9 聯隊），

機動步兵第 1 聯隊，

機動炮兵第 1 聯隊，

師團速射砲隊、搜索隊、防空隊、工兵隊、輜重隊、整備隊、通信隊，

總人數約為 13282，有中戰車 250 輛、輕戰車 80 輛。

2. 第 2 戰車群／戰車第 2 師團

1940 年 8 月在關東軍第 5 軍序列成立第 2 戰車群（群長山路秀男少將），轄戰車第 4、10、11 聯隊等。1942 年 6 月在黑龍江勃利以第 2 戰車群為基幹編成戰車第 2 師團，隸屬機甲軍，轄戰車第 3 旅團（戰車第 6、7 聯隊）、戰車第 4 旅團（戰車第 10、11 聯隊）、機動步兵第 2 聯隊、機動炮兵第 2 聯隊，師團長岡田資、岩仲義治（1943.12）。1940 年戰車第 7 聯隊參加南昌作戰、棗宜作戰。1944 年 2 月戰車第 11 聯隊調占守島，隸屬第 91 師團，8 月師團率戰車第 3 旅團（第 6、7、10 聯隊）調第 14 方面軍駐呂宋島，林加延灣對抗美軍登陸作戰損失巨大，後在克拉克機場爭奪戰中一次毀沒 180 輛 97 式中戰車，1945 年 2 月僅餘戰車 20 輛。

3. 戰車第 3 師團

1942 年 6 月大本營下令組建戰車第 3 師團，12 月在包頭以騎兵集團（以騎兵第 1 旅團為主）改編完成，直屬華北方面軍，轄戰車第 5 旅團（戰車第 8、12 聯隊）、戰車第 6 旅團（戰車第 13、17 聯隊）、機動步兵第 3 聯隊、機動炮兵第 3 聯隊等。戰車第 13 聯隊參加 1940 年棗宜作戰、1941 年第 2 次長沙作戰，1943 年 9 月戰車第 8 聯隊調外南洋第 8 方面軍，1945 年 4 月戰車第 12 聯隊調朝鮮第 17 方面軍。1944 年 4 月豫中作戰時，戰車第 3 師團在第 12 軍序列內參加攻佔許昌、洛陽，戰車第 6 旅團參加 1944 年 7 月湘桂作戰，1945 年 3～5 月老河口作戰攻佔淅川。6 月調華北，日本戰敗投降時在北平繳械，當時轄戰車第 13、17 聯隊及機動炮兵第 3 聯隊等，歷任師團長西原一策、山路秀男（1944.1）。

4. 第 3 戰車群

1941 年 9 月在臺灣軍編成，司令長沼稔雄，轄戰車第 1、2、6、14 聯隊等，11 月編入第 25 軍參加馬來、新加坡作戰，再編入第 15 軍參加緬甸作戰，1942 年 7 月調關東軍（戰車第 14 聯隊留緬甸），1943 年 3 月撤銷。

另外，1939 年華中第 11 軍指揮下戰車第 7 聯隊、戰車第 5 大隊曾合稱第 11 軍戰車群。

5. 獨立戰車第 1 旅團

1944 年 10 月在滿洲編成，轄戰車第 34、35 聯隊以及步兵隊、炮兵隊、工兵隊、整備隊，直屬第 3 方面軍駐奉天，旅團長阿野安理，遠東戰役時與蘇軍交戰。

6. 獨立戰車第 8 旅團

1942 年 6 月組建的機甲軍轄教導戰車旅團（戰車第 23、24 聯隊），1945 年 4 月調本土第 13 方面軍並改稱獨立戰車第 8 旅團，旅團長山路秀男、名倉栞、當山弘道。

7. 獨立戰車第 9 旅團

1945 年 7 月在滿洲成立，轄戰車第 51、52 聯隊，隸屬第 44 軍駐四平，旅團長北武樹，編組尚未完成即參加遠東戰役與蘇軍交戰。

另有戰車第 4 師團，1944 年 7 月在千葉縣編成，轄戰車第 28、29、30 聯隊等，戰時未出動。獨立戰車第 2-7 旅團均在本土從未出動。

日本投降時中國派遣軍有戰車 383 輛，相當於 5 個戰車聯隊編制。

圖 12　第 2 次淞滬作戰日本上海海軍陸戰隊百老匯大廈附近ブロードウェイ橋陣地，依托一輛 89 式中戰車。

5 種戰車裝備

　　二戰期間日軍戰車兵種始終未有機會大發展，其兵員、裝備、戰略戰術運用、戰績等遠落後於美、英、蘇、德各國。亞太戰場的作戰需求也許不如歐洲、北非那樣能發生坦克大戰的模式。戰爭前期與日本陸軍交戰的中國軍隊火力較弱，日軍數百輛 95 式輕戰車、97 式中戰車足以能對付，後期與美、英軍交戰的地理環境多為島嶼、山地、叢林，以致對坦克需求不是很急迫，畢竟美國陸軍的 16 個裝甲師也沒有一個開赴亞太戰場。另外，坦克的遠程運輸也是相當的困難。日本造出了新銳 4 式中戰車（重量 30 噸、75 毫米炮）能對抗甚至超過美國 M-4 坦克，但因研發太遲未能用於實戰。從 1931 年至終戰日軍各型戰車總產量 6440 輛，美軍僅 M-4 謝爾曼中型坦克（重量 32 噸，75 毫米炮）就生產 48000 多輛。若說日軍戰車兵種羸弱因國力所限，日本卻有僅次於美國的海軍艦隊，這或許是作為海島國家的不得已，但海軍戰略本身也是迷茫的。大和、武藏號戰列艦是世界上除航母外最大軍艦，二戰時噸位最大軍艦，其 460 毫米主炮空前絕後，彈重達 1.5 噸，三座炮塔每座重量 2770 噸就相當於 200 輛日軍 97 式中戰車。大和、武藏兩艦很少出征，

白費了鋼鐵。

1. 94 式輕裝甲車（豆戰車），1935 年入役，乘員 2，履帶式，重量 3.45 噸，35 馬力，時速 40 公里，行程 200 公里，7.7 毫米機槍 2 挺、備彈 1980 發，生產 843 輛。

2. 97 式輕裝甲車，1938 年入役，乘員 2，履帶式，重量 4.7 噸，65 馬力，時速 42 公里，行程 200 公里，7.7 毫米重機槍或 37 毫米炮，生產 616 輛。

3. 95 式輕戰車，1936 年入役，乘員 3，重量 7.4 噸，120 馬力，時速 40 公里，行程 240 公里，37 毫米炮、備彈 120 發，7.7 毫米機槍 2 挺、備彈 3000 發，生產 2378 輛。

4. 89 式中戰車，1929 年入役，乘員 4，重量 13 噸，120 馬力，時速 25 公里，行程 170 公里，57 毫米炮，6.5 毫米機槍 2 挺，生產 404 輛（甲、乙兩型）。

5. 97 式中戰車，1937 年入役，乘員 4，重量 15.4 噸，170 馬力，時速 38 公里，行程 210 公里，57 毫米炮，7.7 毫米機槍 2 挺，生產 2200 輛（包括 97 式改中戰車）。

研發較遲的 1 式中戰車 587 輛、3 式中戰車 150 輛在性能上有很大提升，但基本未參戰。除配置本土戰車第 5、19、29、30 聯隊外，只有占守島第 91 師團獨立戰車第 2 中隊數輛 1 式中戰車遠東戰役與蘇軍交戰。

第 13 章　侵華日軍炮兵部隊

日本陸軍騎兵、炮兵、工兵、輜重兵兵種框架與師團建制幾乎同時形成，1890 年陸軍省設立野戰炮兵監部、要塞炮兵監部，1919 年整合為教育總監部炮兵監部。1884 年在東京、仙臺、名古屋、大阪、廣島、熊本六鎮臺分設野炮兵第 1～6 聯隊。

隊屬炮兵

日本陸軍的隊屬炮兵建制單位有師團炮兵聯隊、師團炮兵隊、步兵聯隊炮中隊、步兵大隊炮中隊或炮小隊等。

二戰時日本陸軍投入海外侵略戰場 123 個師團，沒有轄炮兵聯隊的是中國關內戰場第 58～60、61～65、68～70、114、115、117、118、129～133、161 師團，關東軍第 111、120 師團，朝鮮第 96、320 師團，臺灣第 66 師團，菲律賓戰場第 100、102、103、105 師團。中國關內戰場第 34、40、110 師團原轄炮兵聯隊，後降格撤銷。1943～1944 年第 14、29、36、43、46、52 師團改為海洋編制，撤銷炮兵聯隊建制，人員、裝備配置到步兵聯隊。

師團炮兵聯隊的番號一般為野炮兵第×聯隊或山炮兵第×聯隊，例外情形是第 26 師團轄獨立野炮兵第 11 聯隊、第 109 師團轄重炮兵第 9 聯隊、第 35 師團初轄野炮兵第 35 聯隊後改轄獨立山炮兵第 4 聯隊.

戰爭初期的常設師團炮兵聯隊，轄 4 大隊 12 中隊，兵員 2900、馬匹 2000 多。駄馬制師團山炮兵聯隊配 36 門 75 毫米山炮、12 門 105 毫米山炮，挽馬制師團野炮兵聯隊配 36 門 75 毫米野炮、12 門 105 毫米榴彈炮。常設師團有 8200 多匹馬，其中直接用於炮兵聯隊 2000 多匹，每個步兵聯隊的 500 多匹

馬也多用於機槍炮兵部隊。

　　特設師團與三聯隊師團的炮兵聯隊轄 3 大隊 9 中隊、火炮 36 門。戰爭後期有的師團炮兵聯隊降到 24 門、甚至 18 門火炮。1941 年「關東軍特別演習」計劃第 1、8、10、12、14、23、24 師團野炮兵聯隊配置 12 門 75 毫米野炮、24 門 105 毫米榴彈炮、12 門 150 毫米榴彈炮，但關特演只有一個月時間，計劃執行不一定到位。戰時有的師團炮兵聯隊中途換裝但番號不改，例如第 3、116 師團野炮兵聯隊在湘桂作戰前換裝山炮。

　　戰爭後期的兩旅團制師團轄炮兵隊，為大隊規模，火炮 9～12 門。

圖 13　正在射擊的日本陸軍 75 毫米 90 式野炮，常設挽馬制師團野炮兵聯隊配置 36 門 90 式野炮、12 門 105 毫米榴彈炮。90 式野炮 1932 年入役，38.4 倍身管，重 1400 公斤，彈重 6.56 公斤，初速每秒 683 米，射程 13890 米，騾馬牽引、機械牽引兩類各生產 200、600 門。

　　日本陸軍師團炮兵以 75 毫米口徑為主，低於美軍山地師 105 毫米的配置，亞洲、太平洋島嶼道路狀況與日本牽引設備生產能力是主要制約因素。1937 年 9 月第 16 師團登陸大沽、參加津浦路北段西路作戰，11 月從石家莊乘火車至大連、經海路登陸白茆口增援淞滬會戰，費時 15 日。第 16 師團參

加南京作戰後 1938 年 1 月再經原路返回華北。第 16 師團海運方式距離是陸路方式的兩倍多，陸路距離雖短但運輸更加艱難。日軍在攻佔武漢後，長江的中下游航路成為日軍主要運輸補給線。

步兵聯隊下轄炮中隊 4 門 75 毫米山炮，速射炮中隊 8 門 37 毫米速射炮。

步兵大隊下轄炮小隊 2 門 70 毫米曲射步兵炮，機槍中隊 8～12 挺重機槍。

部分兩旅團制師團與獨立混成旅團的獨立步兵大隊轄步兵炮中隊、機槍中隊。

步兵中隊的擲彈筒配備步兵小隊、或加強配備步兵分隊，輕機槍配備步兵分隊。

支援炮兵（軍炮兵）

屬於炮兵序列的聯隊建制有：野炮兵聯隊、獨立野炮兵聯隊、山炮兵聯隊、獨立山炮兵聯隊、機動炮兵聯隊、野戰重炮兵聯隊、獨立野炮重炮兵聯隊、重炮兵聯隊、要塞重炮兵聯隊、迫擊聯隊、獨立臼炮聯隊、騎炮兵聯隊、高射炮聯隊（防空聯隊）、炮兵情報聯隊、氣球聯隊、照空聯隊、船舶炮兵聯隊、船舶機關炮聯隊、船舶情報聯隊。

1918 年始日本陸軍有野戰重炮兵第 1～4 旅團建制，侵華戰爭初期組建野戰重炮兵第 5、6 旅團。野戰重炮兵旅團是隸屬軍、方面軍的獨立單位，官兵約 8000 人，配備 150 毫米至 240 毫米炮，用於重點攻堅任務。

1. **野戰重炮兵第 1 旅團**

1919 年組建。1937 年 8 月侵入華北，初轄獨立野炮兵第 3 聯隊、野戰重炮兵第 2、3 聯隊，旅團長坂西平八（1936.9）、西村琢磨、重田德松、細川忠康。隸屬第 2 軍參加徐州作戰，1939 年 1 月從華南第 21 軍序列解除回國，1940 年 8 月撤銷。

2. **野戰重炮兵第 2 旅團**

1918 年組建。1937 年 8 月侵入華北，初轄野炮兵第 24 聯隊、獨立山炮兵第 3 聯隊、野戰重炮兵第 5、6 聯隊，旅團長前田治（1936.12）、平田健吉、木谷資俊、小林信男，隸屬第 1 軍參加徐州作戰，1940 年 7 月撤銷。

3. **野戰重炮兵第 5 旅團**

1937 年 9 月編成投入淞滬作戰，初轄野戰重炮兵第 11、12 聯隊，隸屬第 2 軍參加武漢作戰，1939 年 8 月撤銷，歷任旅團長內山英太郎、北島驥子雄。

4. 野戰重炮兵第 6 旅團

1937 年 9 月組建，編入華北第 2 軍，初轄野戰重炮兵第 13、14 聯隊與獨立野戰重炮兵第 15 聯隊。11 月調入第 10 軍參加淞滬作戰，後隸屬第 11 軍參加武漢作戰、南昌作戰、隨棗作戰、棗宜作戰。歷任旅團長石田保道、澄田賚四郎、酒井康。1940 年 9 月改制為第 1 獨立炮兵群（群長酒井康、村岡豐），下屬聯隊參加第 2 次長沙作戰，1941 年 6 月撤銷。（注：石田保道，陸士 18 期，預備役少將，1937 年 9 月～1938 年 7 月任野戰重炮兵第 6 旅團長，王輔、郭汝瑰書均錯）

野戰重炮兵第 3、4 旅團於 1922 年組建，分別轄野戰重炮兵第 1、7 聯隊與野戰重炮兵第 4、8 聯隊，戰時未出動，1940 年撤銷。

1941 年 7 月後日本陸軍不再有炮兵旅團建制，作為集群支援火力的重炮兵聯隊（24 厘米炮 8 門、2 大隊 4 中隊約 1200 人）、野戰重炮兵聯隊（15 厘米炮 24 門、2 大隊 6 中隊約 1800 人）、獨立野炮兵聯隊（7.5 厘米炮 16 門、3 中隊 8 小隊、約 600 人）、獨立山炮兵聯隊（7.5 厘米炮 24 門、2 大隊 6 中隊約 2600 人）等編入軍、方面軍序列，在轄有較多炮兵單位時軍、方面軍可能設置炮兵隊或炮兵司令部管轄。例如 1943 年關東軍第 3 軍第 7 炮兵司令部轄獨立山炮兵第 4 聯隊，野戰重炮兵第 4、9、22 聯隊，重炮兵第 2、3 聯隊，東寧重炮兵聯隊。

終戰時本土第 1、2 總軍序列設置有 9 個炮兵司令部，海外兵團僅有新不列顛島第 8 方面軍轄第 9 炮兵司令部、濟州島第 58 軍轄第 12 炮兵司令部。

師團級部隊在作戰期間若配有幾個支持炮兵聯隊可能設炮兵群司令部統轄，如 1944 年 2 月～7 月湘桂作戰期間第 3 師團下屬第 3 炮兵群司令部，司令三島義一郎少將。

低於獨立炮兵聯隊的軍屬炮兵建制單位有獨立野炮兵大隊（7.5 厘米炮 16 門、3 中隊 8 小隊約 500 人）、獨立山炮兵大隊、獨立速射炮大隊、獨立臼炮大隊、迫擊炮大隊、獨立重炮兵大隊、獨立高射炮大隊、野戰高射炮大隊、機關炮大隊等，合計約 300 個，多直屬軍、方面軍，用於支援師團級野戰行動。

終戰時日本陸軍合計有 166 個炮兵聯隊。海外戰場有 28 個軍屬炮兵聯隊、71 個師團屬炮兵聯隊、4 個獨立混成旅團屬炮兵聯隊、2 個戰車師團屬炮兵聯

隊、1 個騎兵旅團屬炮兵聯隊，合計 106 個炮兵聯隊（均不含高射炮兵聯隊）。

終戰時中國派遣軍的 6 個甲種師團第 3、13、27、47、104、116 師團，戰車第 2 師團，騎兵第 4 旅團各轄一個炮兵聯隊。軍屬炮兵是：第 12 軍野戰重炮兵第 6 聯隊（4 式 15 厘米榴彈炮）、第 13 軍野戰重炮兵第 14 聯隊（4 式 15 厘米榴彈炮）、野戰重炮兵 15 聯隊（92 式 10 厘米加農炮）與獨立野炮兵第 2 聯隊、第 11 軍獨立山炮兵第 2 聯隊、第 20 軍獨立山炮兵第 5 聯隊 6 個炮兵聯隊，以及 24 個獨立炮兵大隊。終戰時中國派遣軍兵員數占海外陸軍的三分之一，8 個隊屬炮兵聯隊僅為總數的九分之一，即師團火力構成是最弱的。

終戰時關東軍在中國東北的 22 個師團除第 63、117 師團外都轄一個炮兵聯隊，軍屬炮兵是：第 3 軍東寧重炮兵聯隊、重炮兵第 2、3 聯隊，第 5 軍野戰重炮兵第 20 聯隊，第 30 軍重炮兵第 1、19 聯隊，第 44 軍野戰重炮兵第 17、30 聯隊 8 個炮兵聯隊，以及 9 個獨立炮兵大隊。

炮兵人物

28 名甲級戰犯軍銜最低者是橋本欣五郎（陸士 23），預備役陸軍大佐，炮兵出身。1937 年 10 月已在預備役的橋本欣五郎奉召任野戰重炮兵第 6 旅團第 13 聯隊長，在淞滬作戰、南京作戰期間竟敢下令炮擊英、美軍艦，釀成驚動世界的外交事件，被追責免職。

通常認為非步兵出身者難以擔任合成部隊統帥（但頂級軍事統帥拿破崙就是炮兵出身），美國陸軍合成部隊指揮官多為步兵出身，工程兵、炮兵專業晉級雖快卻少有當統帥的可能。

1908 年東京灣要塞司令伊地知幸介（陸士舊 2）調任第 11 師團長，成為炮兵科出身任師團長第一人。特科出身者能否任師團長？當時的陸軍大臣寺內正毅專門在陸軍高層徵求意見。後來的情形表明，炮兵科軍人在日本陸軍很有前途，例如七七事變後晉升陸軍大將 30 人（不含追晉）就有 6 名炮兵出身者。其中畑俊六、多田駿、岡部直三郎、藤江惠輔、木村兵太郎經歷炮兵聯隊長或炮兵旅團長後升任師團長，就是合成部隊指揮官了，最高任職方面軍、總軍司令。下村定大將是一個特例，1933 年任野戰重炮兵第 1 聯隊長，跳過了炮兵旅團長、師團長經歷於 1942 年 10 月任第 13 軍司令，1944 年 11 月任華北方面軍司令，日本投降後的內閣陸軍大臣。

日本陸軍 17 種火炮

日本陸軍研發各類火炮（含防空火炮）近百種，本章列出侵華戰場使用較廣的 17 種（步兵大隊及以下單位配備的步兵炮見於第 11 章）。

（一）步兵聯隊炮兵 4 種

94 式 37 毫米速射炮，1936 年入役，46 倍身管，重量 327 公斤，彈重 0.67 公斤，初速每秒 700 米，射程 5700 米（對戰車 1300 米），3400 門。配備步兵聯隊的速射炮中隊、騎兵聯隊炮小隊。

1 式機動 47 毫米速射炮，1942 年入役，53.7 倍身管，重量 800 公斤，彈重 1.5 公斤，初速每秒 830 米，射程 6900 米，2300 門。為 94 式 37 毫米速射炮之後繼型。

明治 41 式山炮，習稱聯隊炮，1908 年入役，口徑 75 毫米，18.4 倍身管，重量 540 公斤，彈重 5.71 公斤，初速每秒 360 米，射程 6300 米。每個炮分隊 1 炮、10 人、6 馱馬或 2 挽馬。炮中隊轄兩小隊 4 分隊 4 炮、1 彈藥小隊。用於配備步兵聯隊，戰時有部分新組建師團的山炮兵聯隊或炮兵隊曾使用。

97 式輕迫擊炮，1935 年入役，口徑 90.5 毫米，13.4 倍身管，重量 172.5 公斤，彈重 5.26 公斤，初速每秒 227 米，最大射程 3800 米。裝備聯隊炮兵或師團炮兵。

（二）師團炮兵 6 種

94 式山炮，1935 年入役，口徑 75 毫米，20.8 倍身管，重量 536 公斤，彈重 6.34 公斤，初速每秒 392 米，射程 8300 米。

99 式 10 厘米山炮，1939 年入役，口徑 105 毫米，11.4 倍身管，重量 800 公斤，彈重 12.34 公斤，初速每秒 334 米，射程 7500 米，配馱馬 10 匹。

明治 38 式野炮，1905 年入役，口徑 75 毫米，31 倍身管，重量 947 公斤，彈重 6.41 公斤，初速每秒 510 米，射程 8350 米。

90 式野炮，1932 年入役，口徑 75 毫米，38.4 倍身管，重量 1400 公斤，彈重 6.56 公斤，初速每秒 683 米，射程 13890 米，挽馬、機動牽引兩型各生產 200、600 門。

91 式 10 厘米榴彈炮，1931 年入役，口徑 105 毫米，20 倍身管，重量 1500 公斤，彈重 15.76 公斤，初速每秒 454 米，射程 10800 米，挽馬（6 匹）、機動牽引兩型各生產 1100、100 門。

95 式野炮，1936 年入役，口徑 75 毫米，31 倍身管，重量 1108 公斤，彈重 6.56 公斤，初速每秒 520 米，射程 10700 米。

（三）軍炮兵 7 種

明治 38 式 15 厘米榴彈炮，1911 年入役，口徑 149.1 毫米，12.6 倍身管，重量 2090 公斤，彈重 36 公斤，初速每秒 275 米，射程 5890 米。主要裝備野戰重炮兵第 11、12 聯隊。

明治 45 年式 24 厘米重榴彈炮，1914 年入役，16.2 倍身管，重量 33058 公斤，彈重 200 公斤，初速每秒 387 米，射程 10350 米，80 門。

大正 4 式 15 厘米榴彈炮，1915 年入役，口徑 149.1 毫米，12.6 倍身管，重量 2797 公斤，彈重 36 公斤，初速每秒 398 米，射程 8800 米，280 門。

96 式 15 厘米榴彈炮，1937 年入役，口徑 149.1 毫米，23.6 倍身管，重量 4140 公斤，彈重 31.3 公斤，初速每秒 540 米，射程 11900 米，440 門。最早成軍的野戰重炮兵第 1 聯隊曾投入侵華戰場。

89 式 15 厘米加農炮，1935 年入役，口徑 149.1 毫米，40 倍身管，重量 3390 公斤，彈重 40.2 公斤，初速每秒 734 米，射程 18100 米，150 門。

92 式 10 厘米加農炮，1935 年入役，口徑 105 毫米，45 倍身管，重量 3730 公斤，彈重 15.76 公斤，初速每秒 765 米，射程 18200 米，180 門。

97 式中迫擊炮，1937 年入役，口徑 150.5 毫米，12.8 倍身管，重量 342 公斤，彈重 23.8 公斤，初速每秒 212 米，最大射程 3850 米。裝備迫擊炮聯隊，獨立迫擊炮聯隊。